図解で身につく！
松下幸之助の思考法

大西　宏

中経の文庫

はじめに

本書は、よくあるような松下幸之助の伝記やエピソードを中心とした本ではない。それらに触れてはいるものの、主に30、40代前後の皆さんが直面する厳しいビジネスシーンを選び抜き、それぞれに松下幸之助の思考法、成功法則をあてはめてみたものである。

〝経営の神様〟と呼ばれて久しい幸之助だが、決して雲の上の人ではない。貧困・無学歴・病弱・気弱などの弱点をもっていた普通の人間だった。それなのに、なぜあのように成功できたのか?

その理由は、1つひとつのビジネスシーンでのものの考え方が、〝ほんのちょっと〟だけ、普通と違っていたからだ。もちろん、彼ならではのユニークなアイデアもあるが、よく考えてみると普通すぎるものも多い。

それら思考法のことごとくが物事の道理に適《かな》っており、「これなら自分にもできる」ということに気づかされる。

この本では、厳選した幸之助の思考法、成功法則を59取り上げた。そのそれぞれで本人の生の声、実際の行動を紹介し、成功にいたったプロセスを追うとともに、図解を適宜使いながらわかりやすく解説している。通勤途中、また移動時間を利用して1ページでもこの図解を見、考えていくことで、より深い理解や独自の解釈、自己流の応用法ができるだろう。

また、各思考法の最後には「Let's Try!」として、現実のビジネスシーンで、どのように応用できるのか提案してある。

これは、実際に私が行なっているビジネス研修で、ビジネスパーソンの方々が実践し、その思わぬ成果に「自己革新やビジネスのカギとなった」と感動しているものばかりである。

読書のみなさまにも活用していただければ、幸いである。

大西　宏

はじめに　2

第1章 「精神力」がつく思考法

強く「願望」する、そして「確信」する……12
欲をエネルギーにする……17
自分を追い込む……21
原因を自分に求める……24
弱みを生かす……26
もっと悲観すれば楽観できる……31
他力を信じて生かす……35
雨が降ったら傘をさす……40
「世間は正しい」と考える……44

CONTENTS

自然に戻る……48
結果を読みすぎないで愚直にやる……52
とことん熱中する……56

第2章 「人間関係力」がつく思考法

積極的に傾聴する……60
反対の意見でも理解に努め、共感する……64
すべてを受け容れる……68
直言する……71
相手の名前を知り、中身を知る……75
理で判断し情を添える……78
愛がなければ人は動かない……82

第3章 「仕事力」がつく思考法

「できないからできる」と考える……88
矛盾することを「両方やろう」と考える……92
当たり前のことに、当たり前でなく集中する……96
「問題は1つだけ」と考える……99
知識だけでは負ける……103
演技力を磨く……108
相手にもよいことは貫きとおす……112
会社を「自分の会社」だと思う……115

第4章 「リーダーシップ力」がつく思考法

強烈なトップダウンと権限委譲をする……120
「任せられない」と思う相手に任せてみる……125
決断は迷ってもかまわない……131

言葉と行動を一致させる……134
事例を共有資産にする……138
ツルの一声を利かせる……141
「凡人」が「凡人」を非凡に生かす……146
もっとほめる、もっと叱る……152
その気にならせて自分で考えさせる……156
あえて異質同士の摩擦を起こさせる……160
教育者となる……164

第5章 「経営力」がつく思考法

人間力で経営する……170
「経営は芸術である」と考える……174
自然の法則を取り込む……178
経営理念を売る……182
変わり続ける……186

衆知を集める……191
知恵を無限に引き出す……196
「自分らしさ」にこだわる……201
不況と危機を活用する……204
予知能力をもつ……208
現場から離れない……213
中小企業の強みを生かす……216
大きな絵を描く……221

第6章 「儲ける力」がつく思考法

「一商人」であることを忘れない……224
世間全体をお客様と考える……228
安易な値下げも値上げもしない……232
売り上げを倍にする……237
真似をしても真似はされない……240

CONTENTS

✣経営のダムをつくる……243
✣「見切り」を「損切り」にしない……247
✣専業を極めて無限に広げる……250

おわりに 254
主な参考文献 255

本文イラスト／駒見龍也

本書は「中経の文庫」のために書き下ろされたものです。

第1章

「精神力」がつく思考法

強く「願望」する、そして「確信」する

松下幸之助の思考法

物事を強く願い、実現すると思う。実現するまでやめない。

❖「やろう」という強い願望をもつ

経営にもダムをつくって、いかなる事態にも対応できるようにしておかなければならない——とする幸之助の〝ダム式経営〟（243ページ）。

幸之助が中小企業の経営者にこの話をしたとき、次のような質問が出た。

「松下さんのように、成功されて余裕のあるところではそれが可能でも、私どもには余裕がなくて難しい。どうしたらダムをつくることができるのか教えてください」

それに対し、幸之助は、

「そうですなぁ、簡単には答えられませんが、やっぱり、まず大事なのはダム

式経営を〝やろう〟と思うことでしょうな」と答えた。

❖ 目標実現の道筋を示し、行動する

幸之助は、「経営を発展させる、安定させる」という願望が誰よりも強く、そのためにはどうすればよいかということを誰よりも考え抜いた。さらに、人の意見も聞き、自分の願望が正しいことに確信をもつ。

そのうえで願望を言葉に表し、有言実行するのである。そうなると、もう誰にも止められない迫力をもつ。

たとえば、「年率約30％で販売を伸ばし5年後に4倍にする」と宣言して世間を驚かせた「5カ年計画」宣言（1956年）の場合も、目標を言葉で表わして、実現の道筋を明確にし、行動に移すのである。

その途上、幸之助は「今の状況はこうだ。だからあと少しだ」と言って励ますことを怠《おこた》らないため、全社員の達成意欲や団結意識はいやがうえにも高まる。

行動し始め、目標に近づくことが、願望を確信に変える方法だ。その結果、この破天荒な5カ年計画は4カ年で達成した。

✣願い、実現し、信念を強める

先に挙げた〝ダム式経営〟に対する幸之助の短い回答を聞き、強い衝撃を受けた人物がいた。

「そのとき、私は本当にガツーンと感じたのです。『オレはこういう経営をしたい』とものすごく強い願望をもって、毎日毎日、1歩1歩歩くと、何年か後には必ずそうなる。それが、『やろうと思ったってできませんのや。何か簡単な方法を教えてくれ』というような生半可なことでは、何事も実現しない。事業経営は『できる、できない』でなしに、『そうしたい、そうする』という強い願望を胸にもつことが大切だ。松下さんはそのことを言っている。そのことを感じたとき非常に感動しましてね」

そう語るのは、京セラ創業者（現名誉会長・日本航空会長）の稲盛和夫氏である。

強く「願望」し、「確信」する

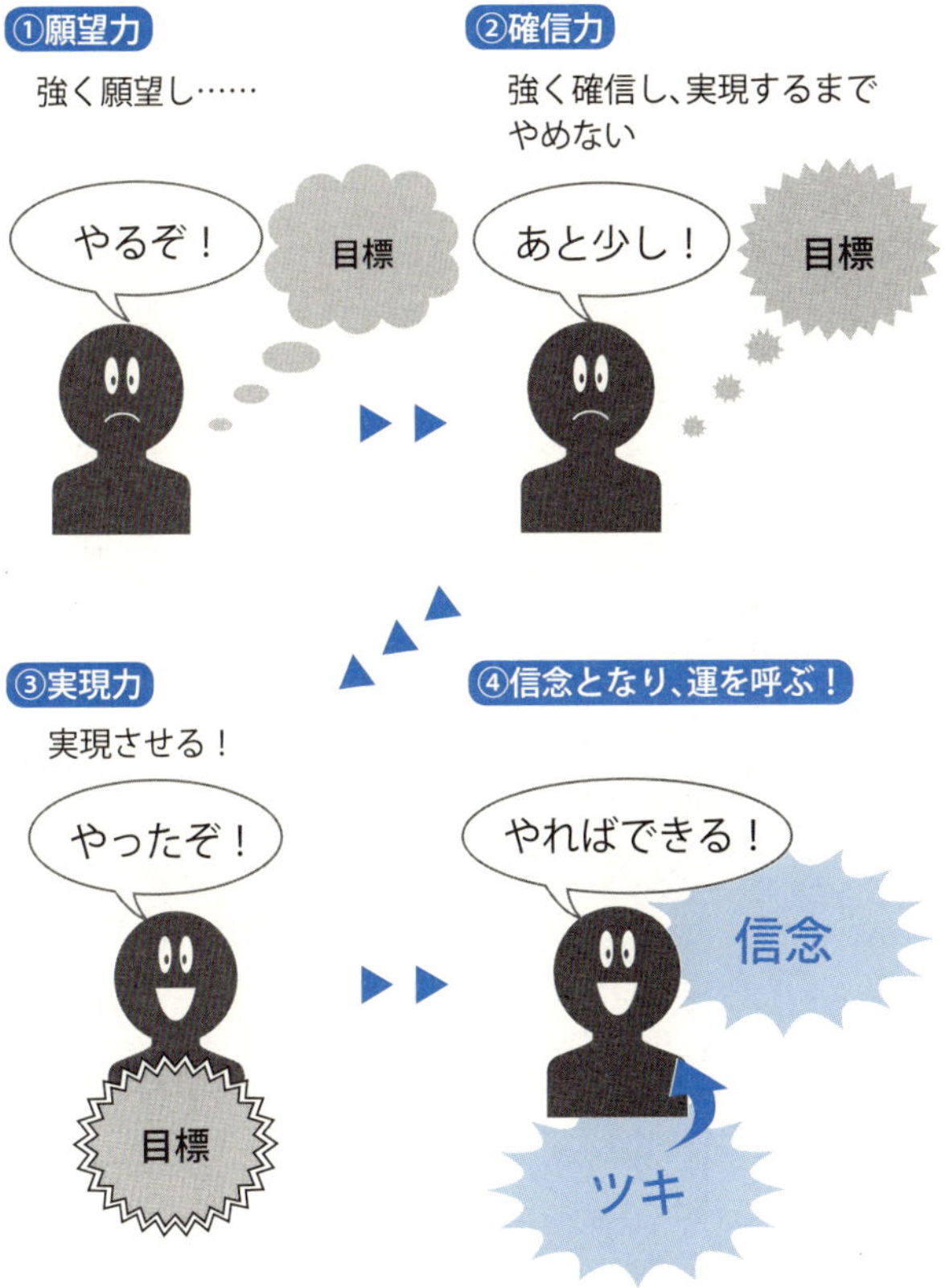
①願望力
強く願望し……
やるぞ！
目標
②確信力
強く確信し、実現するまでやめない
あと少し！
目標
③実現力
実現させる！
やったぞ！
目標
④信念となり、運を呼ぶ！
やればできる！
信念
ツキ

「まず大事なのはダム式経営をやろうと思うこと」という一言でこれほどまでの感動を与えることができるのは、話す人の実績が醸《かも》し出すオーラがあるからだろう。しかし、その話にこれだけの衝撃を受けるのは、聞く人の感度にもよる。

幸之助の実現力は、願望力、確信力なしにはありえなかった。そして、**あらゆる願望を、確信し、実現することによって、「願えば必ず実現する」という信念を養い、幸運を引き寄せた。**

私たちが今もっている〝願望力〟を少し強くして〝確信力〟に変えることで、人生やビジネス、そして運命も大きく変わってくるのだ。

Let's Try!

自分の願望が正しいことに自信をもつ。その願望を言葉にして行動し、目標に近づくことで確信に変え、実現するまでやめない。

欲をエネルギーにする

松下幸之助の思考法

欲を大きくし、一方で世の中に貢献するという使命感を強くもつ。

欲の階段を上がる

幸之助は、余人が真似《まね》しようのない聖人君子などではなく、とてつもなく大きな欲望をもっていた。10歳の丁稚《でっち》奉公のとき、初めてもらった5銭が、貧困の家庭から出てきた幸之助には、「まぶしいほどに光り輝いていた」という。

彼の金銭に対する欲望は、人一倍強かったとみてよいだろう。

「人間の欲望を、何か汚らわしいもののようにいうむきもあるが、それ自体は、善でもなければ悪でもない。それ以前のもの、生命力、エネルギーである。それは活用、善用しなければならない」

幸之助の欲望は、金銭欲から地位欲や名誉欲、自己実現欲、事業欲と上がっていき、衰えるどころかますます盛んになった。また、社会に貢献したいという〝欲求〟（使命感）に捉《とら》えられ、そのことが「すぐれた経営をしなければならない」という事業欲を高進させた。

❖欲×使命感が発展につながる

このように、幸之助が社会に貢献したいという欲や、事業欲の鬼であっても、ただ私欲を捨て去って世のため人のためだけに生きていたわけでない。

「お互い人間は欲をもっている。私のような老人でも私心が出てくるのです。それではいかんとそれを打ち砕いても、すぐにまた自分が出てくる。やっぱり欲望というものは、ほんとうにどうしたって消せないんです。だから私は自分で葛藤《かっとう》しているんです」

「若い人が欲がないということでは、これまた困ったものです」

ビジネスも資本主義も、相手に譲るばかりの無我無欲では成り立たない。幸之助も**人一倍大きな私心と、それではいけないとそれを抑える強い愛他心の間を往《い》ったり来たりしていた**のではないだろうか。その両方が最大限に掛け合わ

欲をエネルギーに！

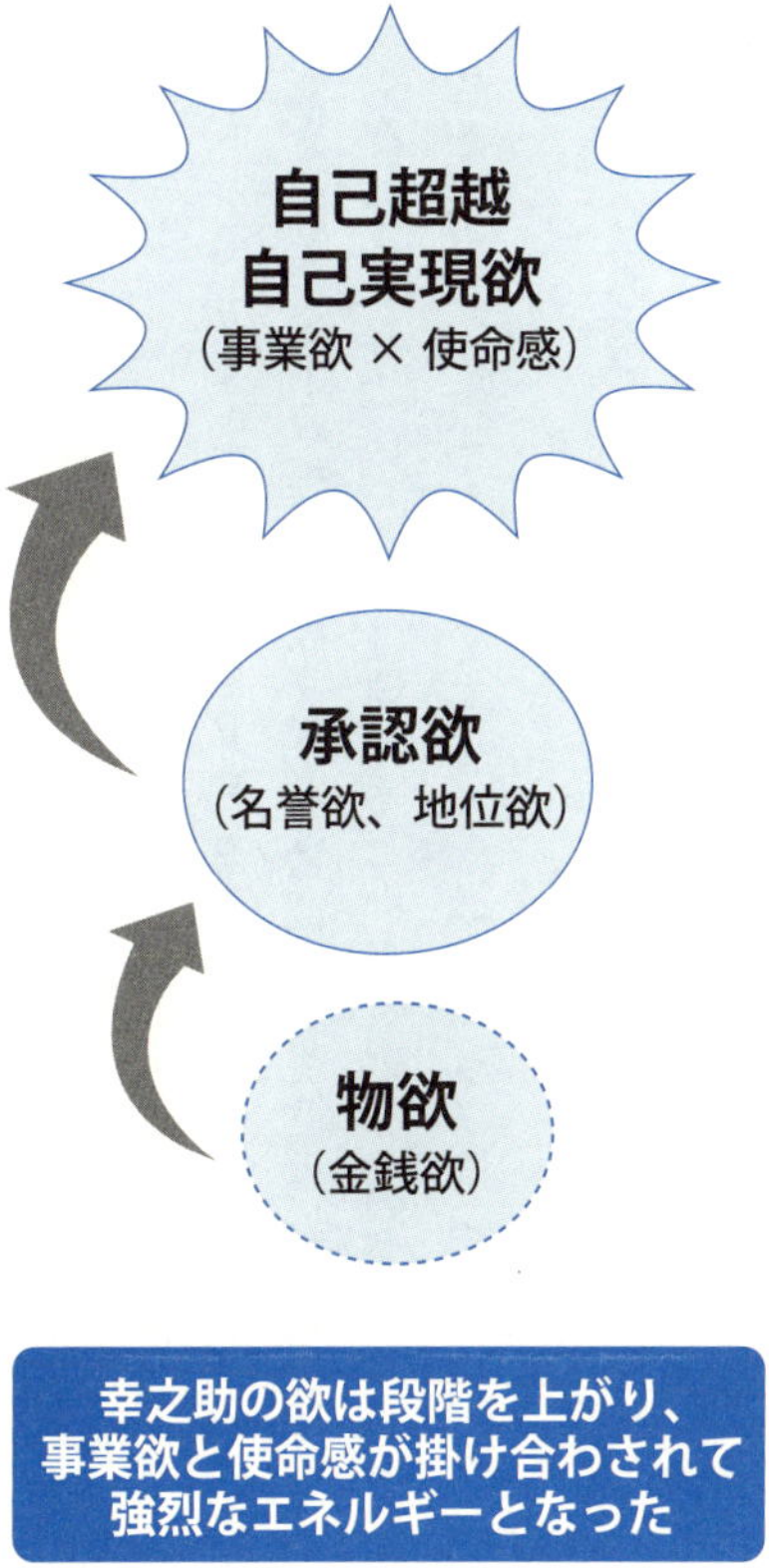
自己超越
自己実現欲
（事業欲 × 使命感）
承認欲
（名誉欲、地位欲）
物欲
（金銭欲）
幸之助の欲は段階を上がり、
事業欲と使命感が掛け合わされて
強烈なエネルギーとなった

され、すさまじいパワーとなっていたように思われるのである。

なぜ、いずれの欲も並はずれて大きかったのか？　それは幸之助が、そのような欲を次々と満たしていったからにほかならない。欲というのは満たせば満たすだけ次の欲が出てきて膨れていくからだ。

また、幸之助は「儲《もう》けるために人を喜ばせる」というちっぽけな人間ではなかった。もしそうであったら、ＰＨＰ（Peace and Happiness through Prosperity）運動や松下政経塾の設立などは思いつかなかっただろう。

「物をつくるときでもこれでなんぼ儲かるといってつくるのでなく、これをつくったら皆が大喜びするやろうなという一心です。それで自然に儲かるのです」

この場合も、私心が愛他心に切り替わっているようだ。

Let's Try!

欲を強くする一方で、使命感をもって世のため人のための意識を強くして、大きな目標に立ち向かう。

自分を追い込む

松下幸之助の思考法

自分を追い込んで火をつけ、使命を自覚し燃え続ける。

理想に向かう姿勢を常にもつ

幸之助を支えた最後の秘書・六笠正弘《むかさまさひろ》氏に、「幸之助という人をただ一言で表現すると？」と問うと、「理想に向かって一生懸命だった」と答えてくれた。

幸之助は寝床に入ってからも会社のことを考え、夜中でも再三目を覚まし、その都度何か会社のことを思いつき、朝を待てず六笠氏に「誰だれに伝えてほしい」などと電話してきたという。まさに一生懸命の日々だった（一方で20代から茶をたしなみ、超多忙の中に自宅の茶室での「閑《かん》」もあった）。

そんな幸之助といえども、いつも熱かったわけではない。

幸之助が大阪電灯（現関西電力）の電気工事人だった22歳の頃、認められて検査員（工事後の検査をする仕事で、工事人の目標だった）に昇進した。ところが、憧《あこが》れのこの仕事がラクすぎて時間をもてあまし、仕事に熱が入らなくなったばかりか、気のゆるみからか肺尖《はいせん》カタル（肺結核の初期）を再発させる。

自分が考案したソケットの提案を会社が取り入れてくれないとなれば自分の手でやる以外ないという決意と、心がゆるんだ今の生活をなんとかしなければ……と考えたのが、独立自営の動機だった。

幸之助はよく「必要ほど強いものはない」と言い、自分をかきたてるために、自立、先行投資、目標宣言、不況と危機の活用など、執拗《しつよう》に自分を追い込んでいる。つまり、退路を絶って自分を奮《ふる》い立たせるのである。さらに、自分が考案したものを世に出したいという自己実現欲がすさまじかった。**人は自分の好きなこと、やりたいことに取り組むと困難も苦にならない。**彼は、困難が大きいほど熱くなった。不思議なことに病気も進行を止めた。

使命感に目覚める

絶えず自分を追い込み、自分らしさを発揮していた幸之助だが、その頃の自分のことを「ただ熱心に、勤勉に働いていた程度にすぎなかった」と言う。そして独立してから15年、38歳の幸之助は〝開眼〟する。仕事について、次のような使命を感じたのだった。

「貧を克服すること。宗教は心の安らぎを与えるがわれわれは物を供給する。その両輪があって初めて人間生活が完成する。その両輪は同じ尊さのものだ」

幸之助が、まだ168人だった社員を集めてこの「使命」を語ったときのことを、のちの幹部となったある社員がこう語っている。

「みんな興奮してしまって、僕なんかも武者震いが起こったほどです。おやじの、理想に燃えているところがありありとわかりましたよ」

内なる「自分のやりたいこと」だけでなく、それが外なる「使命、役割」とつながって火は炎となり、終生衰えることがなく、まわりをも燃やし続けた。

Let's Try!

自分を熱くならざるを得ない環境に追い込む。やりたいことは困難覚悟で立ち向かうと同時に、自分に与えられた使命を自覚する。

原因を自分に求める

松下幸之助の思考法

集団をよくすることの責任は、リーダーにある。

❖企業は経営者の自己革新のレベルまで成長する

幸之助はよく「原因をわれに求めよ」と言った。そして、数知れない会社経営を見てきた確かな実感を込めて、「経営は経営者次第」と言いきり、自身のことをこう振り返っている。

「従業員が少人数のときは自ら動くだけで動いた。100人を超えると、指示を明確にしなければならなくなった。1000人を超えると衆知を集めなければならなくなり、1万人、2万人になると、どうぞ頼みますと、任せなければならなくなり、5万人、10万人となると、手を合わせて拝む気持ちが必要となった」

自分が変わるとまわりも変わる

行動革新の裏で意識革命も進められた。

「お金を儲けたい」「人を使う身になりたい」という程度の目的意識から、自分の必要に応じて「社会貢献の使命観」「水道哲学」などの人生観や事業観、経営哲学を深めていったのである。

これは、リーダーの自己革新によって企業が成長したということにほかならない。本当に**集団をよくしたいのなら、リーダーは自分を変えねばならない**。そして、自分を変えることによってまわりを変えることができる。

幸之助の自己革新がストイックに感じられないのは、「必要に応じて」いて、必ず目的を叶《かな》えたからだろう。

Let's Try!

自分に課せられた目標を叶えるためには、単に方法を考えるだけでなく、今、自分はどうあらねばならないかを考え、行動する。

弱みを生かす

松下幸之助の思考法

長所だけでなく短所をそのまま生かし、自分を最大限に生かす。

✣ 自分の短所を生かす

短所と長所は表裏一体だ。頑固は意志が強い、短気は燃えやすい、お人よしは親切、というようにである。つまり、短所だからと抑えるばかりでなく、長所として発揮すれば、よりよく生きられる。

幸之助の場合もそういう面がきわめて強かった。いや、むしろ「病弱」「神経質」「無学歴」「不運」など、**裏も表も短所としか考えられないことを自分の個性として受け容《い》れ、そのまま強みにしていた**のだ。

長所を生かす、短所も生かす――これは〝自分を生かす〟という術《すべ》では最強のものだろう。

「若いときから、私の恐れといえばやはり頑健な体をもっていないということだった。ともすると体の弱さのために、一抹《いちまつ》の寂しさを覚え、かなり感傷的になることがあった。そんなことから、自然、ものを深く考えるというような傾向が生まれ、この傾向が生活の上にも仕事の上にもかなり影響した」

そんな彼が、ある社員を見舞ったとき、自分の体験をふまえて次のように励ましている。

「きみ、体の弱いことを、そんなに心配しなくてもよい。きみは自分の体の程度に応じて働いたらいい。非常に健康な人と同じように働くことはそれはダメだ。ぼつぼつ、しかし、他の人よりなにか工夫をこらしてやればよい。不健康もまた結構という気持ちでやっていけよ。そのうちにいいこともある」

❖病弱だからこそ工夫し、考えられる

実際、幸之助の不健康や神経質な性格が思慮の深さを生み、人間や事業、社会について深く考え込ませ、普遍の経営哲学をもたらした。

「いつまでも日給で働いていて、また病気が悪くなったらかなわん。小商売

（当初の構想はおしるこ屋）でもやればそれでも食べていける。自分が病気で休んでも、その間嫁さんが働いてくれる――そう考えた。もし僕が健康体であったら、技師のはしくれにでもなっていた」

幸之助の体が弱くなかったら、世界的企業は生まれていなかったのだ。

権限委譲の事業部制も体が弱いからできた。

「自分が不健康なるがゆえに先頭に立ちたくても立てない。自分が先頭に立つとなったら1人だ。1人でできる仕事なんてたかがしれている。それに自分でできないから否が応でも人を信じなければならない。

だから、体の弱い人は弱いことによって、それに代わる他の福音が生まれ出る。天は二物を与えないが、与える一物を大事にして育て上げることである」

「僕が今日あるのは不健康だったから」と言う人の言葉だけに、強い説得力だ。

貧乏だったから、若いときにはお金への欲求を強烈なエネルギーにすることができた。無学歴だから人の話を聞くことに徹して傾聴の習慣を手に入れ、「衆知を集める経営」を進めた。両親も兄弟も早くに亡くなったことが自主独立精神を強くし、経営面も「自主責任経営」を重視した。不運でも「運がよい」と

自分の弱みを経営の強みにする

弱み	逆境	不運	無学歴	貧困	内向的	病弱
↓	活用・逆転の人生	イメージコントロール	傾聴の習慣 商売で立身する	欲をエネルギーにする 独立精神	創意工夫の習慣 豊かな感性 内面世界の広がり	人に任せる
経営の強み	危機・不況に強い	夢・ビジョンの実現	衆知を集める経営、道理に素直 実力主義、無派閥	水道哲学（社会を豊かに） 自主責任経営	使命感と経営理念 ユニークなマーケティング マネジメント	事業部制

イメージコントロールに成功したのである。

経営を人生の表現にする

経営は経営者の人生そのものの表現ということができるが、幸之助のこのようなマイナスをプラスに生かす人生は、松下電器の危機を好機に変える経営につながっている。

「わしは、会社の経営でいろいろなやり方を考え出したけれど、どれもわしのそういう人生を背景に生み出されたものというわけや」

要は、どうすれば自分を最大限に生かすことができるのか、結果を最高に出すことができるのか、なのである。

Let's Try!

短所・弱みを抑えつけるのではなく、そのまま生かして弱みを強みに変えてみる。

もっと悲観すれば楽観できる

松下幸之助の思考法

悲観するだけ悲観すると逆にアイデアが生まれ、度胸が据わる。

ドン底の経験が育てた経営の神様

多くの人が幸之助をプラス発想の人という。それは間違いとはいえないまでも、そんな単純なものではなさそうだ。幸之助を「雲の上の人」と見る人もあるだろうが、それもまったくそうではない。幼い頃から見てみると、「普通以下」、心身共に弱い人だった。

父が相場に手を出して破産し、貧しい生活のなかでろくに小学校も出なかった無学歴、10歳で丁稚奉公に出された逆境、18歳で両親がいなくなり、8人いた兄弟のすべてが早く亡くなるという不運、肺尖カタル（結核の初期）を患って喀血《かっけつ》し、医者から「とても50歳まではもつまい」と言われた病弱さ、加えて、くよくよ悲観し、年老いても睡眠薬の助けを借りなければ眠れなかった神経質な性格――誰もが滅入ってしまうようなドン底の環境条件のなかに、幸之助はあった。

❖人並み以上に悲観してみる

食べるためになんとか頑張り、小僧から15歳で大阪電灯（現関西電力）の電気工事人となり、順調に腕を上げていたが、20歳のとき肺尖カタルと診断された。

当時、肺結核は不治の病とされたし、兄弟の多くがこの病気で亡くなっていた。もっとも怖かった「命にかかわる災難」が現実のものとなった幸之助は、当時の心境を「来るべきものが来た」と言っており、恐れおののいただろう。

「休めと医者は言うが、それでは食べていけない。それで悪くなればしかたがないとずっと押し通していたわけである。つまり、まな板の鯉《こい》みたいに勝手に料理してくれと、あきらめというかクソ度胸というか何か精神的な安定を得たのである」

いったん人並み以上に悲観し、絶体絶命と考えるのが幸之助の思考法だった。憂いているうちに彼の沈んだ心は底を打つ。

「どうしようもないからすべてあなた任せや、絶体絶命になればまた生きる道があるんや」

「僕は神経質だから、ちょっとのことがあれば人一倍気にするほうで、それは今（80歳の頃）も変わっていませんが、ある点へ行くとパッと転換できるんですよ」

❖神経質なままクソ度胸をもつ

心配性であるだけに、起業してからも過敏なほど危機感を感じてくよくよ悲観する。自分を憂い、会社を憂い、国を憂う。最悪の事態まで考える「マイナス発想」だが、行き着くところまで行くと開き直る。

「心配はあって当然、そして一定期間で卒業する」

人一倍危機感を感じ、しかも逃げずに真剣に考えているため、事の本質に突き当たる。

「そんなとき飛躍的な考えが出てくるのですね。だから、神経質でありながらどっかに度胸ができたのですね」

「これまでにだって、失敗した例は始終ある。けれども『この失敗は成功のもとになるぞ』そういう考えが出てくるのですね。また自然とそういう局面を担っていきましたな」

マイナス発想がプラス発想に転換し、人一倍のペシミスト（悲観主義者）は筋金入りのオプティミスト（楽観主義者）となる。

幸之助は神経質でこまやかで思慮深いところを生かしただけでない。それとは正反対の「度胸」を、神経質という気質はそのままで手に入れた。

そんな幸之助の経営を「小心な経営」という人はいない。

Let's Try!

心配性でよい。危機感が強く真剣に考え込む。絶体絶命まで行くとまた生きる道が出て、飛躍的アイデアを生み出す。

他力を信じて生かす

松下幸之助の思考法

目標をあきらめなければ、時の力、人の力、縁の力がめぐってくる。

自力10＋他力90というパワー

幸之助は、人智・人力を超える見えない法則や、力の存在を信じていた。「やることとなすこと」がすべて自らの意志の力のように見えても、それは自力だけのものではない、他力が大きいという思いがあったのだ。

人生もビジネスも、思いもかけないことによって影響されることは否定できない。幸之助の思考法が独特だったのは、その力を単なる偶然と考えずに、他力というものが存在すると固く信じていた点だ。

「人間万事、世の中すべては天の摂理では困るが、90％のあとの10％だけが人間のなしうる限界だと思う」

これは、一見あきらめやすいネガティブな考え方のようだが、何事にも一生懸命生きた彼にとっては、決してそうではない。

この90％の他力の存在ゆえに努力をしてもムダと考えるのか、この90％がそのうち必ず自分のほうに向いてくると考えてあきらめず、その力を鋭敏に感じ取って受け容《い》れるかで運命は大きく異なっていく。

❖人の力、時の力、縁の力、天の力が集まってくる

初めての事業であるソケットの生産・販売がうまくいかず、経営がいきづまりながら、「不思議にほかの仕事をやろうという気にはならず、改良の仕事に熱中して希望を失わなかった」という。

そして、そのネックとなっていた練り物の研究に打ち込んでいたら、ソケットを「いらない」と断った電器店のそのまた知り合いから、本命のソケットではなく扇風機用の練り物の碍盤《がいばん》（スイッチ台）の照会が入ったのである。事業はなんとか命脈をつなぎ、やがて本命のソケットが軌道に乗ることとなる。

「普通なかなか予期したとおり、立てた方針どおりになりがたいものである。

よく『辛抱せよ、辛抱せよ』というが、辛抱しているうちにたとえそのことが成り立たなくても、周囲の情勢が変わってきて、そこに通じる道ができるとか、またその辛抱している姿に外部からの共鳴援助があるとかして、最初の計画とは大いに相違しても成功の道に進みえられるものである」

「物に強い執着を持って、決して、軽々しくそれをあきらめるということをしてはならないと思う。しかし、単に辛抱とか執着とかだけでなく、いつでも他に応ずる頭を働かさなければならない」

扇風機の碍盤の注文は、練り物の研究を一生懸命続けたという自分の努力があっても、注文は他力であった。その必要が生じた天の〝時〟、注文をくれた知り合いのそのまた知り合いの〝人〟、情報がつながった〝縁〟、そのどれが欠けても、１００％うまくいっていない。

幸之助は、その他力を信じるから決してあきらめない。やってくる**他力に鋭敏に気づき、他力を普通以上に大事にし、他力に対する感謝の心を強くもつから、余計に他力が集まってくる**のである。

「思い返してみますと、僕のこれまでの事業生活というものは、そうしたありがたい人との出会いに次々と恵まれて、それに支えられてきました。僕自身も、何をなすにも大事なのは人だから、よい人と出会いたいという願いを人一倍強く持っていました。しかしそれだけではなく、そこにはやはり、人の知恵や力を超えた大きな縁の力というものが働いていたと思います」
「仮に今日の我々の会社が成功したというなら、それは、90％は社員の人たちのおかげやな。いつも心の中で感謝しておるんや。手を合わせる。そんな心持ちやな。ほんまに」

Let's Try!

自分の力を出し尽くして、絶望的になっても決してあきらめない。他力の存在を信じると、必ずそのうち〝時〟が変わる。

他力を信じる！

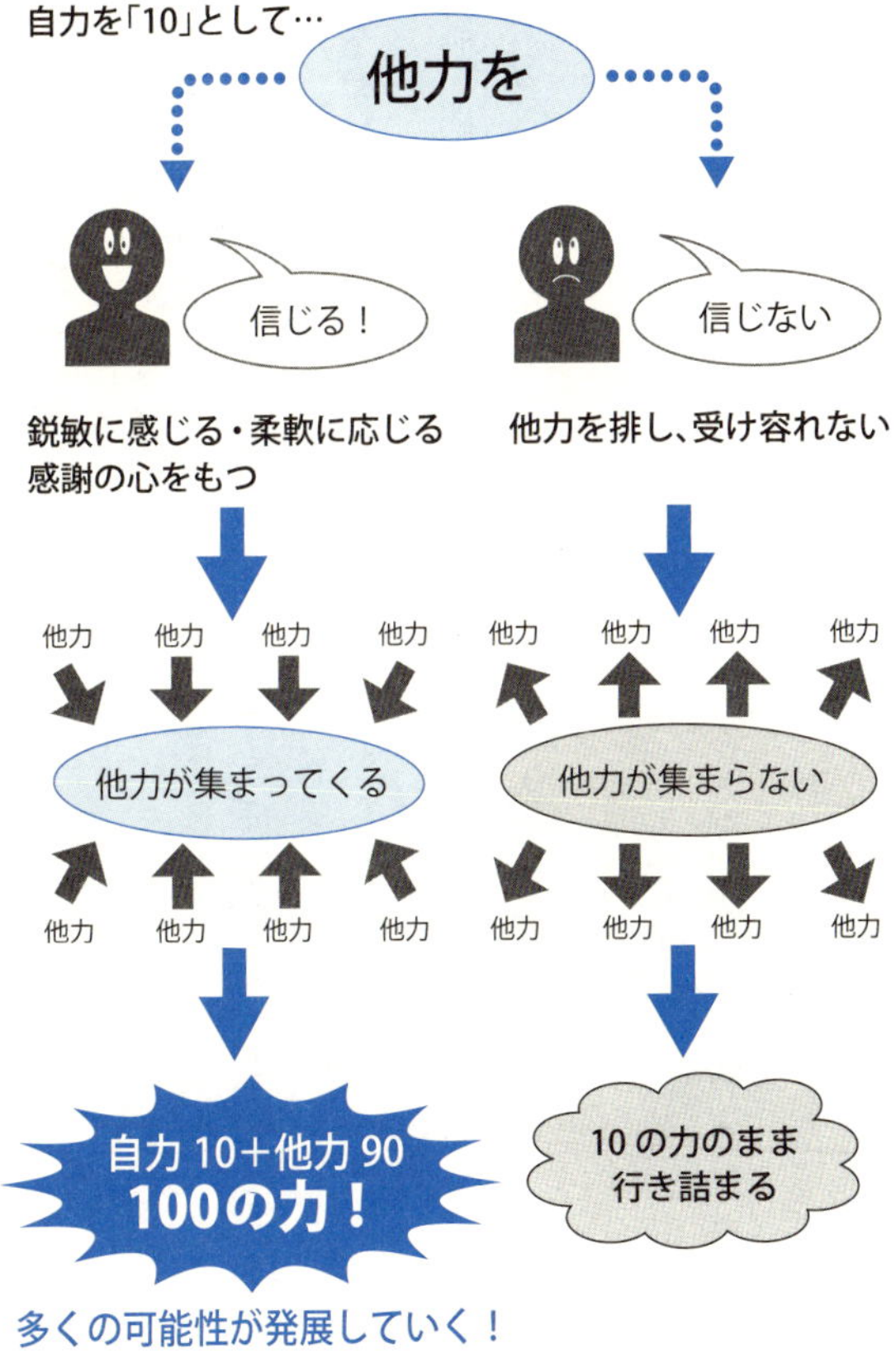
自力を「10」として…
他力を
信じる！
信じない
鋭敏に感じる・柔軟に応じる
感謝の心をもつ
他力を排し、受け容れない
他力
他力が集まってくる
他力が集まらない
自力 10＋他力 90
100の力！
10 の力のまま
行き詰まる
多くの可能性が発展していく！

雨が降ったら傘をさす

松下幸之助の思考法

素直な心＝とらわれない心で物事の真実を見る。

❖物事をありのままに見る

人の話を聞く際、先入観や個人的な感情をもっていると、「自分が正しい」と考えたり、感情的になってしまって、自分1人の小さな知恵だけで生きたり働いたりすることになってしまいやすい。

近年のリーマンショックも、みんなが考えられないほど眼先の利益に「とらわれて」しまった結果引き起こされたといえるのだが、幸之助なら〝素直な心〟で見抜いていたにちがいない。

幸之助の考える〝素直な心〟とは、従順という意味ではない。「自分の感情、先入観などにとらわれずに、物事をありのままに見ようとする心」である。

人はときに、知識・経験にとらわれ、人の話、市場の動き、物事の道理など、事物がありのままに見えなくなる。

「雨が降ったら傘をさす」ように、自然にやればよいのに、意地を張ったり、面倒くさがったり、何かにとらわれて傘をささず雨に濡れてしまう。

経営がうまくいかない場合、突き詰めると経営者が市場や部下の声に耳を傾けるという、当たり前のことができていないことが根因であるケースがきわめて多いのである。

素直な心をもつには「そうなりたい」と願う

「必要に迫られたら強い」という幸之助の高い理想、重い責任が、彼のより正しい「思考法」を育《はぐく》んだ。しかし、その実践が容易でなかったことは、自身の次の告白でよくわかる。

「自分自身がまだ素直な心でいつも動いていないのだ。理屈でそうじゃないかと思うだけだ。まだ随所随所に素直な心が働いていない」

しかし、このように自省し、発言すること自体が素直な心といえる。

幸之助が何か気に入らないことを言われたとき、いったんは不機嫌な顔色になるのを何度か目撃したが、この、顔が少々ひきつった場合が、彼の言う「随時随所に素直な心が働かない」状態だったのかもしれない。幸之助の独自性は、そのあとである。表情はそのままでも、真剣に話を聞こうとし、顔もそのうちだんだん和らいでいくのだ。

なんの抵抗もなく意見を受け容れることも素直な心なら、理性で自分をコントロールして聞き取ることもそれに劣らぬ素直な心だろう。

「素直な心は、そうなりたいということを強く心に願って、毎日をそういう気持ちで過ごせば、碁を1万回打てば初段くらいの強さになるというように、1万日すなわち約30年で素直な心の初段にはなれて、そう大きな過ちをおかすことは避けられるようになるだろう」

Let's Try!

人の話も市場の動きも、感情や先入観にとらわれず、ありのままを聞く、見ることに努める。

物事をありのまま見る

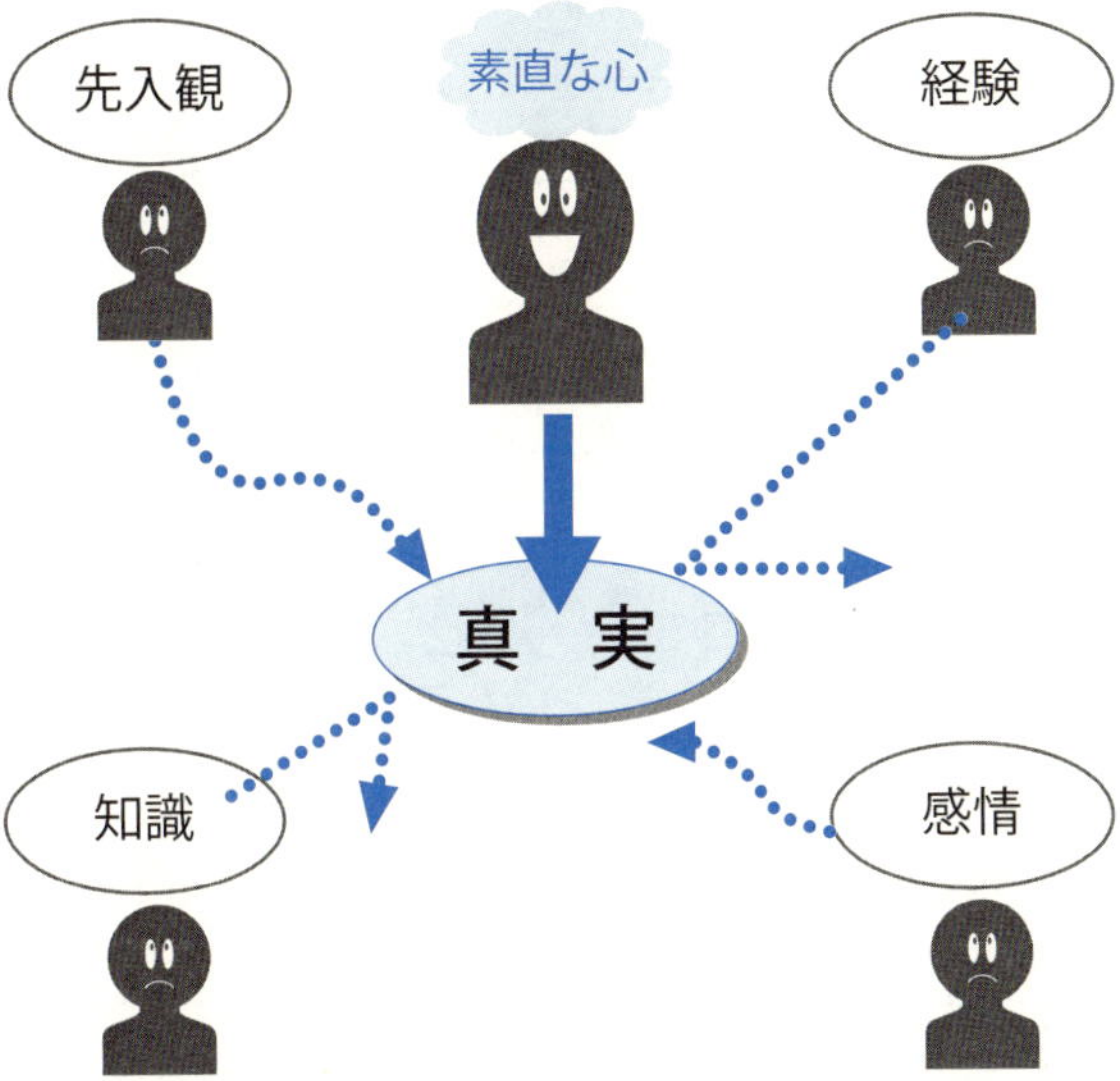

幸之助的思考

先入観や感情などにとらわれると、
真実が見えないか歪んで見える。
素直な心で物事をそのまま見れば、
真実にたどりつける

「世間は正しい」と考える

松下幸之助の思考法

「世間は正しい」と考え、世間の求めに応じて努力を積み重ねていく。

すべての人をいつまでもだますことはできない

世間では、「あまりに正しくあろうとすれば損をする」という考え方もないではないが、幸之助は、「世間は神のように正しい」と考えていた。

たとえば、昨今のリーマンショック以来の大不況の到来を、幸之助ならいち早く予測したにちがいない。そして、その根拠は「（一部の金融資本家の）こんな強欲で無責任なビジネスが続くはずがない」ということだっただろう。

幸之助は、アブラハム・リンカーン（第16代アメリカ合衆国大統領）の次の言葉を引用して「経営についてもまったくそのとおり」と言っていた。

「すべての人を一時的にだますことはできるし一部の人をいつまでもだまして

おくこともできる。だがすべての人をいつまでもだまし続けることはできない」

ビジネスをする場合、たとえ儲けることができても、それが土地ころがしや品物を買い占めておいて高く売りつける、果てはババつかみのようなマネーゲームなら、たとえそのときには儲けても決して長続きはしない。

しかも、いつも良心に背《そむ》いて誰かをだます悪知恵をはたらかせたり、だまされることにびくびくしたりしていると、安心できず、大きな成功は望めない。

正しければ心強くて安心

幸之助はその点について、次のような強い確信をもっていた。

「世間が正しいと考えれば、世間の求めに応じて経営していこうと考えることになる。その点、私は、世間は基本的には神のごとく正しいものだと考えている。だから一貫してそういう考え方に立って経営を行なってきた。これほど心強く安心なことはない」

「お客さんの喜ぶことを根気よく日々積み重ねていく。大成しなくてもある程度やっていける。これでいいのです。これがいちばん強い」

幸之助がこのやり方で大成したのだから、**「世間は正しい」と考えることは、よほど安心して長く、大きく儲けられる商売の大原則**だろう。

ところで、幸之助にとって「正しいこと」の中身はなんだったのか？「正しいこと」は、人によっても時代によってもしばしば基準が変わる。

企業家としての幸之助の基準は「共存共栄」という言葉のとおり、「お客も従業員も仕入先も、株主も社会も、そして自分にとってもよいこと」「そして今だけでなくこの先もよいこと」であった。

幸之助にとって、〝正義〟と〝力〟は別々にあるのではなかった。さまざまな方面にすべて満足してもらうには、すさまじい経営力が必要で、つまり、〝力〟なしには、「正しいこと」自体が成り立たない。その意味で、幸之助のマーケティング力、マネジメント力も当代一級のレベルであったといえる。

Let's Try!

事に臨んでいつも、「何が正しいのか」＝「お客にとって、会社にとって、まわりにとってよいこと」を考え、それを実現できる力を蓄える。

「世間は正しい」と考えると……

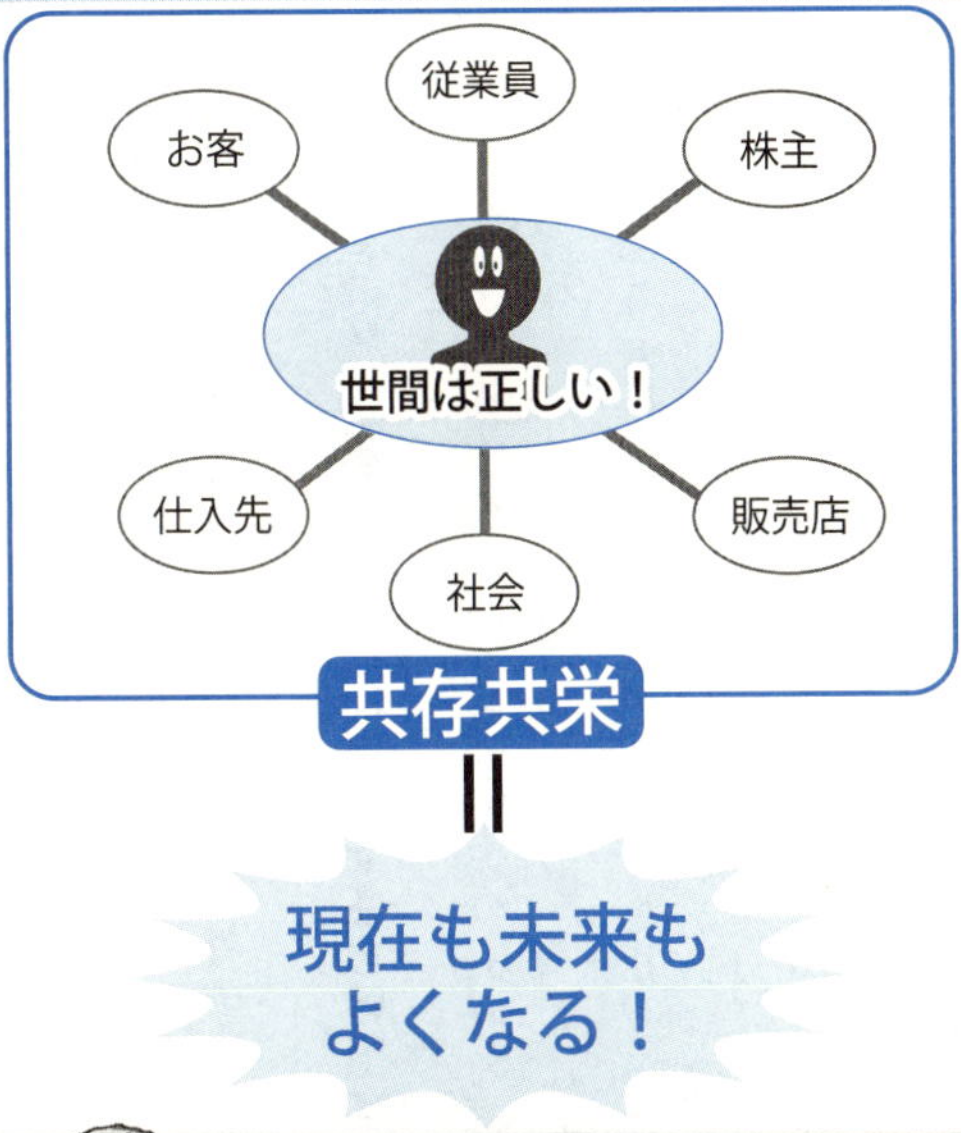

幸之助的思考

正しいこととは、お客も従業員も、仕入先も販売店も、株主も社会も、そして自分にとってもよいことである

自然に戻る

松下幸之助の思考法

自然、真実のままが心を安らかにし、外の大きな力を引き入れる。

❖「ひ弱」「頼りなげ」「よれよれ」な自分をさらけ出す

幸之助は、「『あんたがあの松下さん?』と言われることがある」と言い、それぞれの時期の自分を「ひ弱」「頼りなげな男」「よれよれ」などと表現した。

普通、社長という人種はメンツにこだわったり、わざと堂々と見せて自分のイメージをつくることが多いが、幸之助は常に自然な自分をさらけ出した。

すでに社員が3000名ほどになっていたとき、社内誌編集の若い社員に次のように頼んでいる。

「わしは、小学校もまともに出ていない。外の会合に出てもときどき出てくる外国語がわからない。そこで、最近日本語化された外国語の意味を書いてもってきてくれんか」

その社員は、幸之助の率直さに驚きながら、すぐに書いたものをもっていくと、礼を言って眼の前で覚え始めたという。さらに、ずっと後年のことだが、大阪で開かれた万博の会長を断った理由を聞かれたときにも、飾りげなく次のように答えている。

「僕が大学でも出とったら、あるいはやっておったかわかりませんな。僕はいわゆる学問的知識がないでしょう。だからそういうところへ出てものを言うということはどうもね。第一、英語がわからんしね、具合悪いですよ」

国鉄（現ＪＲ）総裁の辞退なども合わせ、自分のありのまま、適性に即して出所進退はきわめて潔く、的確だった。

自らの過ちを社員に詫びる

ある日、朝会に10分ほど遅刻した幸之助（当事社長）が、率直に詫《わ》びた。

「私は、新春にあたって、従来ともすれば体調の関係から会社を休んだり、遅く出てくるような姿があったことを改め、今年は無遅刻無欠勤を貫こうということを決意した。ところが、新春早々に自動車が来なくて、10分ほど遅刻してしまった。まことに遺憾千万である。この責任は正しく負わなければならない。そこで、私自身に対して、当月の給料の全額を返上することを決めた。このことに直接、間接関係のある担当の上司8人に1カ月の減俸を命じた」

社会的にも重大な事件を引き起こした経営者が、よくテレビで頭を下げて20%程度の減給を発表しているが、社員に対して詫びたという話は聞かない。

起業当時から経営もガラス張りだったが、幸之助のこのような姿勢が、**自分の心を安らかにし、まわりの変化への柔軟さを生み、外の大きな力を引き入れる要因となった**と思われる。

Let's Try!

肩の力を抜いてありのままの姿に返り、楽な姿勢で自分を引き出して人の力を取り入れる。

自然体で生きる

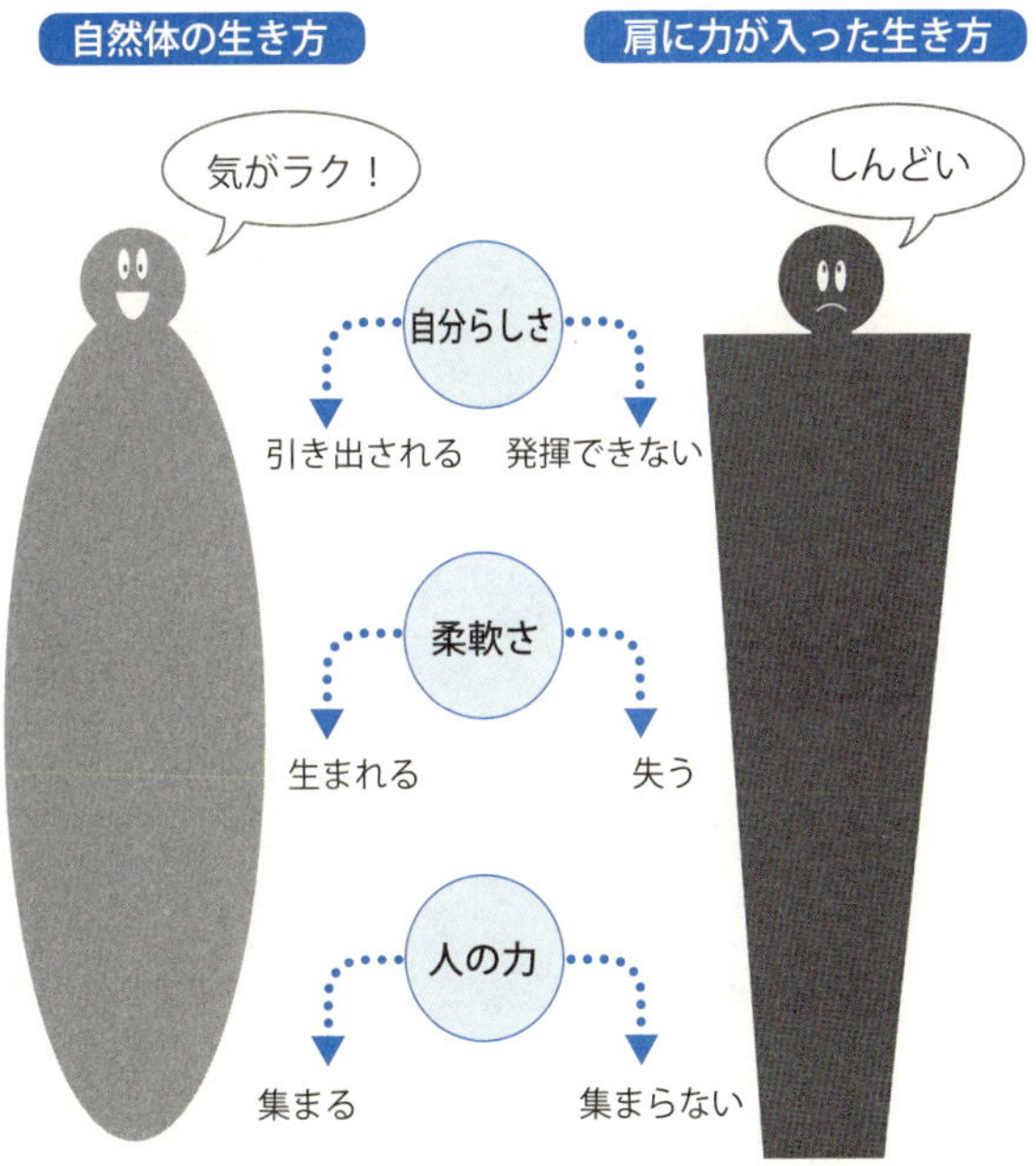
自然体の生き方
肩に力が入った生き方
気がラク！
しんどい
自分らしさ
引き出される
発揮できない
柔軟さ
生まれる
失う
人の力
集まる
集まらない

結果を読みすぎないで愚直にやる

松下幸之助の思考法

自分の利害にこだわらないで行動すると強くなれる。

❖愚直に信念を通す

幸之助は、目的を達成するために自分を統御することに努めた。1人の努力でどうにかなることでないことがわかっていても、また、自分が結果を確かめることができなくても、ある目的に適《かな》うことなら行動した。

つまり、**聡明であると同時に結果を読みすぎず愚直だった。**

不況の折、経費の節減をしながら、誰もがそのように緊縮していたのではますます景気が冷え込んでしまうと考え、「これは社会の要請だ」と、高い外車を買い込んだ。

また、どのような値引き合戦にあっても、

「たとえ売れなくても、１社だけであっても自らの信念を通すだけ」とそれに応じず、品質とサービスの向上に努める頑《かたく》なな姿勢があった。

普通は「自分１人くらい買ってもそれで景気がよくなるわけでない」「自社だけが値引きをしないと売れずに干上がってしまう」と、自分の財布や目先を優先させるものだが、幸之助は違った。

経済成長時代も、使用目的のない値上がりを期待するだけの不動産投資は、たとえそれが益をもたらすものであっても、自分の信念がそれを許さなかった。

愚直さはまわりを巻き込む

松下政経塾の設立も、自分の生きているあいだにその成果を見ることができないことはわかっていた。才覚にあふれ、利にさとい一方、この愚直さはいったいなんだろう？

景気をよくしなければならぬ。品質や信用をなくすような泥仕合はいけない。政治をよくしなければならぬ——。このような自らの考え方を、行動することによって強い信念としていき、ついにはまわりを巻き込み世の中を変えていく。

目先にとらわれ、自分の利害だけにこだわると、報いはそれだけで終わる。幸之助の、結果を問わないこの愚直さが、かえって内の力を強くし、外の力を引き寄せた。

Let's Try!

ときには結果を求めず、利害を超えて行動する。すぐに結果が出なくても、そのことで一まわり大きくなれ、大きな成果につながる。

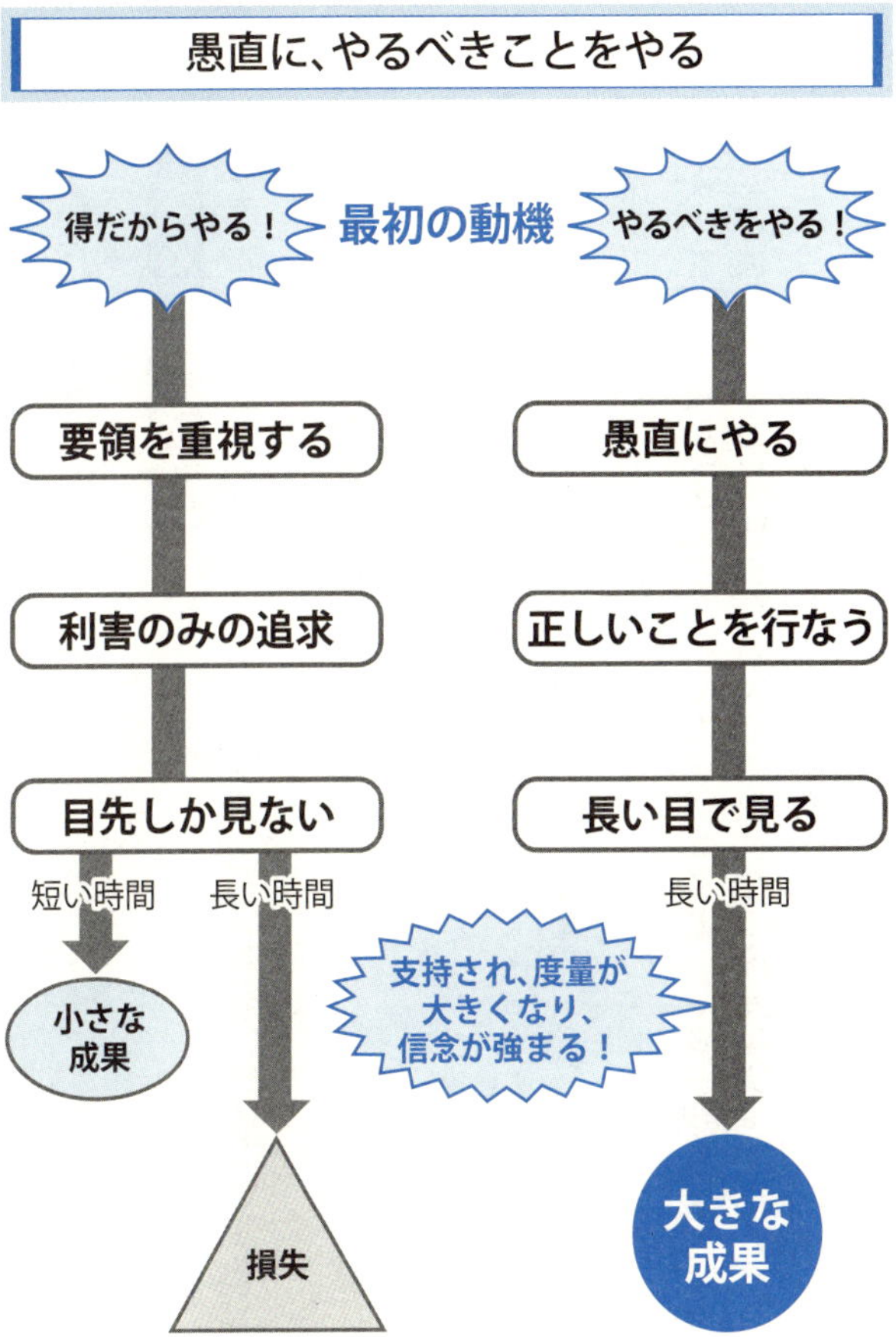
愚直に、やるべきことをやる
得だからやる！
最初の動機
やるべきをやる！
要領を重視する
愚直にやる
利害のみの追求
正しいことを行なう
目先しか見ない
長い目で見る
短い時間
長い時間
長い時間
小さな成果
支持され、度量が大きくなり、信念が強まる！
損失
大きな成果

とことん熱中する

松下幸之助の思考法

好きになって熱中すればアイデアがあふれ出し、商品の声が聞こえてくる。

商品の声が聞こえるくらい熱中する

　昭和大恐慌のとき、「生産半減、人員整理なし、全員セールス」という超強気の決断をしたことについて、ある人から「病床でよくこんな手を思いつかれましたね⁉」と言われた幸之助は、次のように答えた。

「僕は商売が好きやからね。そんなことを考えているうちに病気が治った」

　商品が好きで、各事業部が「これ」という商品を競って幸之助に見せにいくことが多く、彼自身、その時間を最優先で確保した。商品は必ず手にとり、全神経を集中し、そしていとおしそうになでて感触を確かめながら吟味《ぎんみ》した。スイッチを入れては切る、ツマミを何度も回す、耳を商品にくっつけて音声やモーターの音をまるで匂《にお》いをかぐように聞き入る。

私もその場に何度か居合わせたが、その姿を見て感銘するとともに、きっと今に何かを感じ、何か言い出すのでないかとひやひやしたものだ。

「商品をわが子と考えて思いを入れ込めば、『ここをこうしてくれてうれしい』『ここをもっとこうしてくれ』と商品の声が聞こえてくる。それが聞こえるほどの境地に達しているか」

という意味の話を聞かされた。

彼は、商品に愛情をもち、熱中するあまり、一種のフロー状態（物事に深く集中して我を忘れていると、何ものにもとらわれなくなり、向こうからやってきた流れに乗るように力を発揮すること）になっていたのではないかと思われる。「バッターがボールが止まって見えた」「棋士の頭の中で自然にコマが動き出した」という状態だ。

❖ 熱中するほど好きになればアイデアは無限に出てくる

私が商品企画を担当していた頃、幸之助のその姿を間近に見て、本当に商品が語り出すというのはどういうことか考え込んだことがあった。そのとき、寝ても覚めても企画中の商品のことを考えていたら、何を読んでも何を見ても何を聞いても、すぐ商品のヒントに結びついてしまう。

幸之助のように商品が語り出すというわけではなかったが、その商品についてのアイデアが次々と出てきたことがあった。

幸之助が「商品を一晩抱いて寝よ」と言ったという話があるが、

「使ってみるから一晩置いていくように」

と、実際によく言っていた。

また、彼はゴルフ好きの社員に言ったことがある。

「好きなことに何もかも忘れて熱中することはよい。しかし、終わった瞬間にアイデアが浮かぶくらいでないとな」

Let's Try!

ある物事について、何を見ても聞いてもヒントに結びつき、アイデアがあふれ出るほど、対象に熱中して好きになる。

第2章

「人間関係力」がつく思考法

積極的に傾聴する

松下幸之助の思考法

本当に聞けば相手と心が通じ、相手も自分と向き合うようになる。

❖傾聴が発展の要因になる

一般に、地位が高くなるほど人の話に耳を傾けなくなる傾向があるようだ。それは傾聴が最も必要なはずの経営者に多く、経営不振の根因となっていると思わされることも多い。

幸之助がかなり若いときから傾聴する姿勢でいたことが、松下電器の発展につながったことは紛れもない事実だと思われる。自身も「社長が社員の話をよく聞き、言うべきを言う会社はだいたい発展している」と述べている。

ある日、私の販売会社に立ち寄った幸之助（当時会長）が特に真剣に聞いたことは、高すぎるといわれる自社洗濯機の価格についてであった。当時、洗濯機については価格競争が泥沼のような状態にあった。

私たちは、あるだけの情報や意見を述べたが、幸之助は**出席者の分け隔てをせず、どんな意見に対しても同じように強い関心を払い、うなずきながら熱心に聞き続け、話を遮《さえぎ》ることなく、沈黙が続いてもなお聞き続け、ときたま、深く受け止めている者だけができる鋭い質問を投げかけてきた。**

これだけ真剣に聞かれると、不思議な魔法にでもかかったように、幸之助と心が通じ合い、全員が言いたいことを遠慮なしに言い出した。

また、これだけ集中して聞かれると、こちらもいい加減なことを言えなくなり、言いたいことをすべて言い終えると心が空っぽになって、今度は「品質や性能を考慮に入れると、本当に自分たちが言うほど高いのか」「それを説明する努力をしていないのではないか」と自分と向き合うようになった。

言い訳も聞く

幸之助が社長時代、電気コタツが商品不良を起こしたとき、そのことを知っ

た彼が疾風のようにやってきて、コタツに足を入れながら状況説明を聞いた。そのときの担当の事業部長の話によると、

「普通なら『言い訳するな』と言われそうなことまですべて聞いてもらえた。そうして一緒になって原因と対策を考えてくれた。特に『ああせよ』とか『こうせよ』というのはなかったが、自然に反省や対策が次々と浮かんできたように思う」

アメリカの代表的な心理学者カール・ロジャーズの次の言葉は、見事に幸之助にあてはまる。

「自己判断をしない共感的な積極的な傾聴というものは、対人関係においてきわめて重要である。それは、傾聴される方もする方も成長させずにはおかない」

Let's Try!

相手の話を最後まで聞く。うなずき、問い返し、話し終わってもまだ聞く。相手と心が通じ、相手が自分と向き合うまで聞いてみる。

積極的傾聴の効力

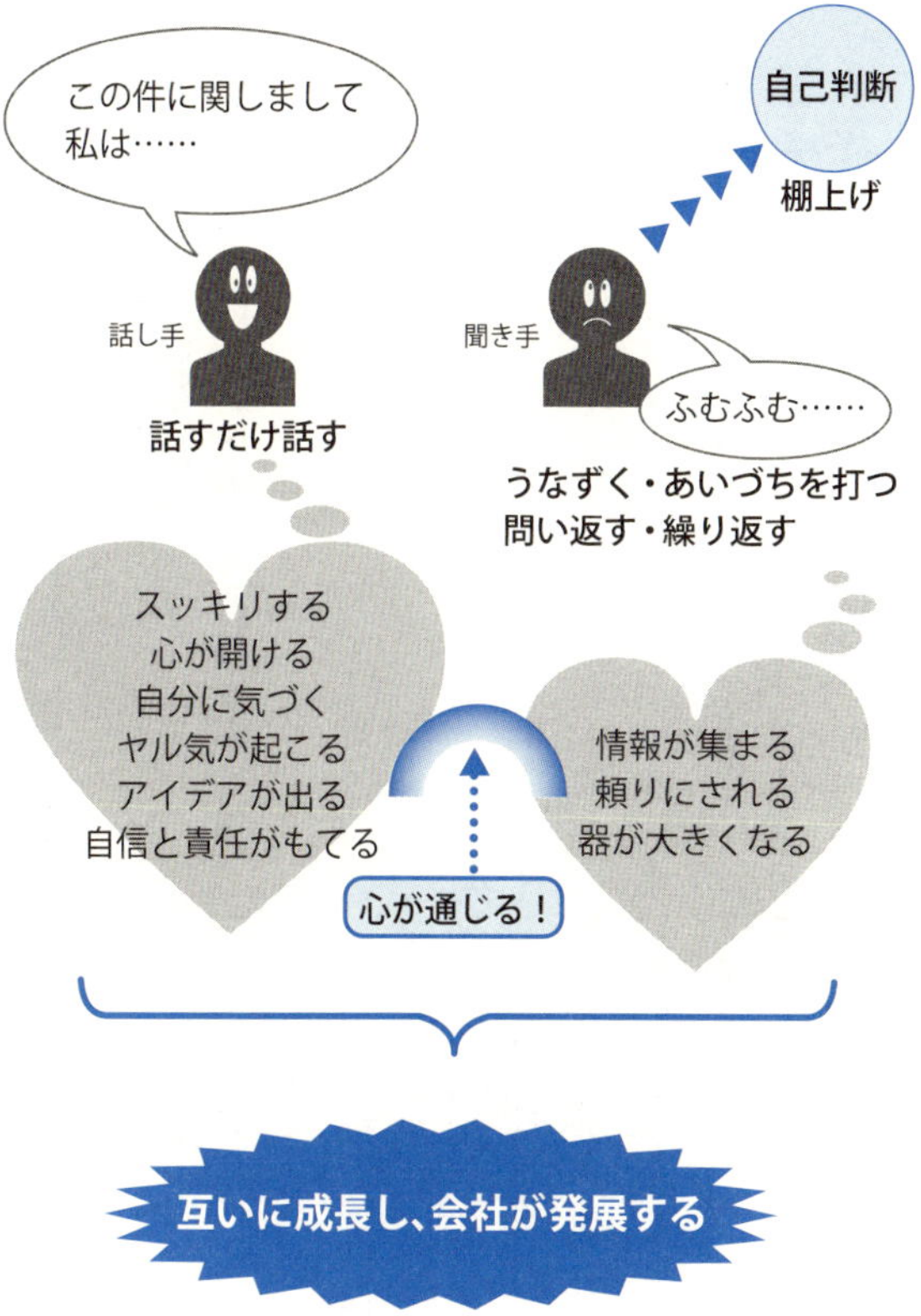
この件に関しまして
私は……
自己判断
棚上げ
話し手
聞き手
ふむふむ……
話すだけ話す
うなずく・あいづちを打つ
問い返す・繰り返す
スッキリする
心が開ける
自分に気づく
ヤル気が起こる
アイデアが出る
自信と責任がもてる
情報が集まる
頼りにされる
器が大きくなる
心が通じる！
互いに成長し、会社が発展する

反対の意見でも理解に努め、共感する

松下幸之助の思考法

反対意見でも内容を理解し、感情を察する。

❖〝言わせ上手〟になる

ある幹部の述懐である。

「あの人（幸之助）は、いつも心を奥底まで見透《みす》かしているようで怖い半面、自然についホンネを言ってしまいたくなる人だった。眉毛《まゆげ》がピクピク動き始めて『しまった、言い過ぎた』と雷を覚悟したときもあったが、それでも最後まで聞いてくれた。そして言うことを完全に理解してくれたと思う。たとえ取り上げてくれなくても、十分参考にしてくれると思って満足した」

いくら話を最後まで聞く〝聞き上手〟でも、相手がホンネを言ってくれなかったらなんにもならない。

同意できなくても理解はできる

不況だった１９６４年、ディーラーのただならぬ経営の悪化を察知した幸之助（当時会長）は、全国の代理店（卸）の社長を集めてこう切り出した。

「何か松下電器に対するご不満があるにちがいない。今日は皆さんから自由にご意見を言っていただき、私も意見を出し、何日かかってでも、皆さんと十二分に話し合って、この危機を乗り切りたいと思います」

と促すと、まさに堰《せき》を切るように「松下だけが儲《もう》けて我々は赤字に喘《あえ》いでいる」という、怨嗟《えんさ》といってよい意見が続出し、とどまることがなかった。

幸之助は、何時間も身じろぎもせず立ったままであった。問いただしたりすることもあったが、自由にものを言ってもらって、それに耳を傾けることに終始し、会議はきわめて異例の１日延長の３日間となった。

たとえ、**相手の意見に同意できなくても「理解する」ことならできる**――。

まさに言いたい放題という状況で、代理店の社長たちの経営方法にも問題があったのだが、幸之助はいったんそれを棚に上げて、代理店の社長たちの意見と感情、原因の理解に努めたのである。

理解し、共感する

「（そんなに代理店の経営が悪くなっているとは）実際僕も予期していなかった。身の毛がよだつ思いがしたと同時に、これは皆さんを救わなければいかん」「皆さんが、そこまで苦しんでおられるとは知らずまことに申し訳なかった」

ここで言葉が突然とぎれ、幸之助はあふれ出る涙をぬぐうためにメガネをはずしてハンカチを目にあてた。それは、得意先の並々ならぬ窮状を本当に理解し、その苦しい思いを自分の思いとした真実の涙であった。

代理店の社長たちは、その幸之助の言葉と姿を見て、「やっとわかってくれたか」という気持ちとなり、会場の空気は一変したのである。

Let's Try!

反対の意見が出れば、自分は反対のままでも懸命に相手の意見や感情、原因を理解するよう努めてみる。

反対の意見を理解する

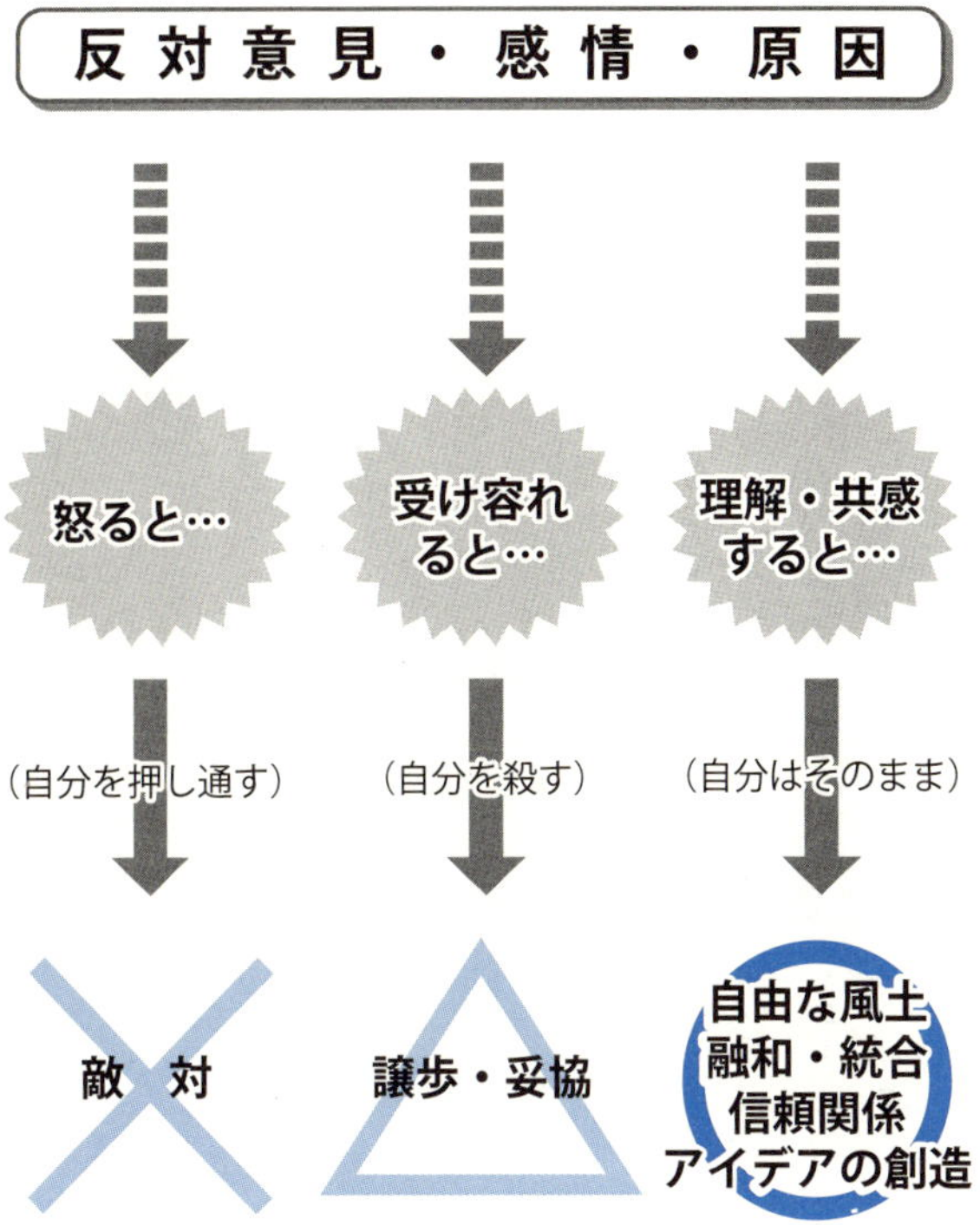
反対意見・感情・原因
怒ると…
受け容れると…
理解・共感すると…
（自分を押し通す）
（自分を殺す）
（自分はそのまま）
敵対
譲歩・妥協
自由な風土
融和・統合
信頼関係
アイデアの創造

すべてを受け容れる

松下幸之助の思考法

相手に責任があってもすべて受容する。赦《ゆる》したら赦される。

責任のすべてを一方的に受け容れる

前項で述べたように、会議の意見がほぼ出尽くし、幸之助は相手の立場に立って代理店の社長たちの意見と感情を理解した。そのうえで、

「今までのお話をおうかがいしているうちに、よくよく反省してみると、いっさいの原因が松下にあることがわかりました。まことに申し訳ありません」

と頭を下げ、得意先の不満を一方的にまるまる受け容《い》れたのである。

代理店の中には黒字の会社もあり、幸之助にも言いたいことがあったはずだが、相手のまずい経営法を含め、すべて原因は自分にあると潔く謝ったのである。

ここで、意外なことが起こった。粛然となった会場は、心が通じて1つになり、大きな拍手が沸き起こったのだ。ディーラーたちは思うだけのことを言い尽くしたあと、「すべて松下電器の責任」という幸之助の言葉によって初めて、「自分の経営の責任」であることに気づいたのだった。

「すべてを自分の責任」とした結果起こった大きな変化は、会場の中だけではなく、幸之助自身にも起こった。

「3日間、ガンガンたたかれているうちに、だんだん僕の頭の中に具体的なことが生まれてきたのですよ」

いったんは**無となって相手の立場に立って話に耳を傾け、そのうえで熟慮する、さらに耳を傾ける、そして真実をつかむ――**。反発したり逃げの姿勢で聞いていたら、意見が自分のなかで融合せず真実が頭上を通りすぎ、飛躍的な革新アイデアなど生まれようがなかっただろう。

❖自分を失わず、相手の立場に立つ

相手の立場に立ち、相手を受容するということは、決して自分を失い相手に同情するだけではない。**偏見や我執《がしゅう》を捨てて相手の立場に立つが、自分は失わず、すぐに自分に立ち戻り、正しい判断をする**姿勢のことである。場合によっては相手の意見を取り入れたり、そのまま赦《ゆる》したりすることもある。

「きみほど経営に失敗した男はあまりおらん。だから任せるんや」

「僕がはじめからこれでよいと思って決裁しているのは、4割くらい」

「大きくなっていけば、何人かは会社に不忠実な人や悪いことをする人が出てくるだろう。それはいわば当たり前の姿だ」

などの言葉はすべて、幸之助の受容量の大きさを示している。

「自分が人々を赦す心をもって初めて、自分も人々に赦される」

Let's Try!

相手に原因があっても、そのまた原因は自分にあると考えて、まるまる受け容れてみる。しかし、自分は失わない。

直言する

松下幸之助の思考法

相手にとっての真実は、心を通じながら直言すれば信頼関係が強くなる。

真実を述べて糺《ただ》す

前項でも述べたように、全国の代理店（卸）の社長会議で意見が出尽くしたとみるや、それらを無条件で受け容れ、いっさいの原因が松下にあると詫《わ》びた。これで、互いの心がやっと通じたわけだが、社長たちに「文句を言うだけでよいのか?」と反省心が芽生えた頃、幸之助は次のように厳しく直言したのである。

「皆さんもご自分の経営ではありませんか。この状況の中をちゃんと利益を出している会社もありますよ。まともに代金を払えない会社には商品をお出ししないのが普通です。自主性を失っておられませんか。真剣さが足りないのではありませんか」

思っていても、メーカーのトップが得意先のオーナーにこれだけの直言をするのは普通、気がひける。まかりまちがえば猛反発を買いそうなこの言葉だが、そのことが受け容れられれば効果はとてつもなく大きい。幸之助は、傾聴し理解し、受容しただけではなかった。相手について自分が本当にそう思っている真実を手厳しく直撃したのだった。**お詫びしながら叱《しか》った**のである。

1対200のカウンセリング

次の瞬間、会場は粛然となり、再び大きな拍手が沸き起こった。ディーラーの1人が立ち上がり、

「これまで、松下さんが悪いと責めてばかりいたが、われわれも間違っていた。皆さん心を入れ替えて頑張ろうではないか」

と言った。互いに表面を繕《つくろ》ってお世辞やタテマエばかりでは真の信頼関係はできない。幸之助の直言が相手の心にしみ込み、自省させたのはなぜだろう？

それは、参加していたオーナーたちが、言いたいことを言い尽くし、それを

傾聴から始まるコミュニケーションの奥義

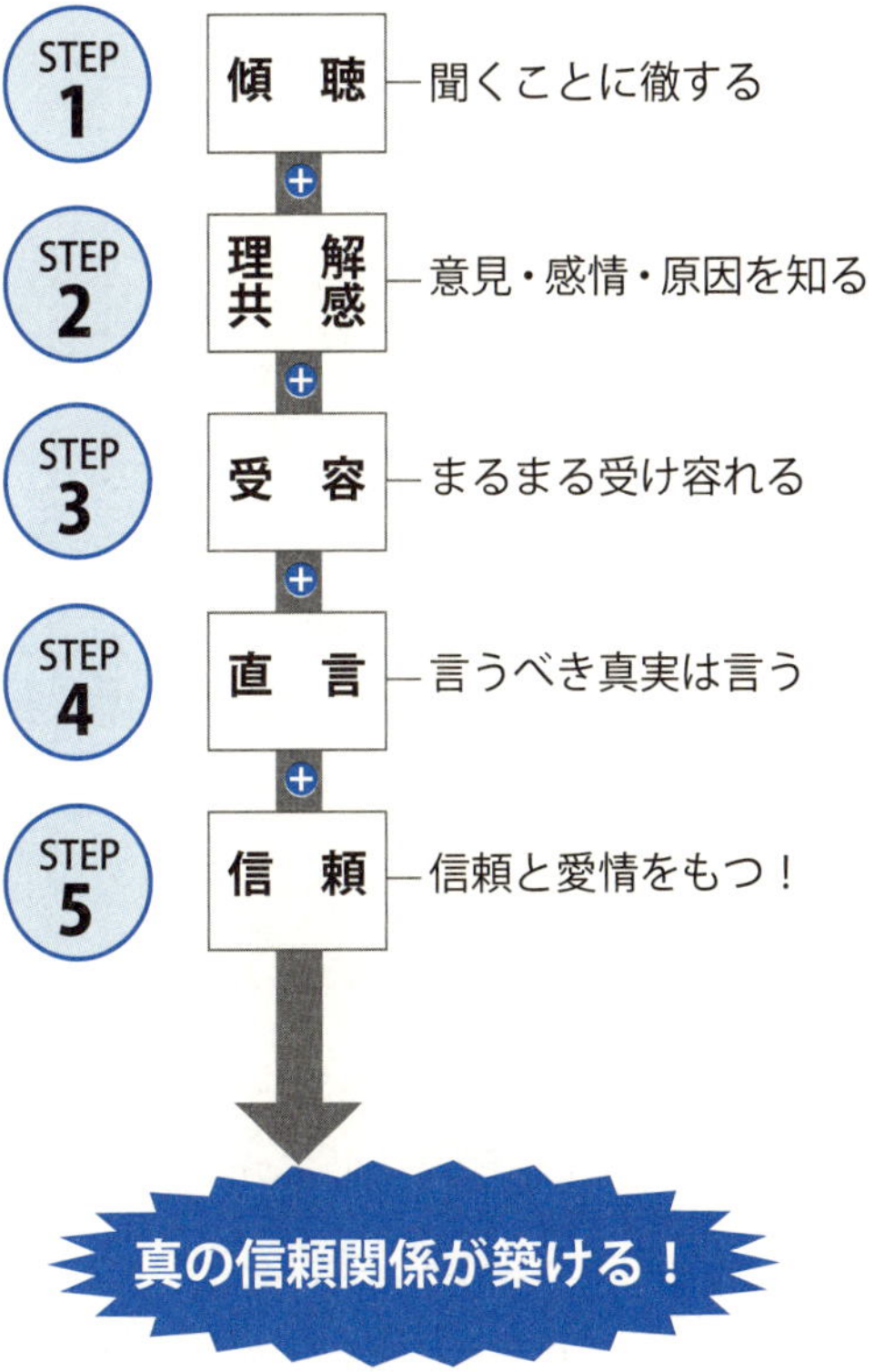

幸之助がしっかり受け止めることによって、もう相手を非難する必要がなくなり、今度は彼らの目がもっぱら自分のほうを向くこととなったからである。**真実は、自分と他者をジャストミートさせる。**だから、幸之助も出席者の多くの人も、ハンカチを目にあてるほど心を震わせ、心を通わせる光景となったのだ。

この、幸之助の「傾聴―理解・共感―受容―直言」のプロセスこそ、実はカウンセリングの原理に合致するものであり、1対1でも難しいカウンセリングを1対200でやってのけたのが幸之助だった。

「専門家としてセラピーを職業としている人より、専門家でなくてもセラピー的な動きのできる人はいる。その人が、実際の人間関係の中でどのような動きをとるのか、それは経験的訓練の目標である」(カール・ロジャース)

Let's Try!

思い切って、相手にとっての真実を直言してみる。それが受け容れられたときの効果は絶大で、真の信頼関係をつくれる。

相手の名前を知り、中身を知る

松下幸之助の思考法

人の名前や仕事の出来栄えを知れば、想像以上に発奮してくれる。

人と仕事にただならぬ関心をもつ

会長だった頃の幸之助の部屋にあった屏風《びょうぶ》に、アメリカ松下電器の組織表とたくさんの社員の写真が貼ってあった。

アメリカ出張を前に、相当前から顔と名前、仕事内容を毎日のように繰り返し覚えようとしていた。課長職の秘書の写真と名前まであったという。

人間にとって、**自分を知ってもらう、認めてもらうということは、ほとんど本能的な欲求**であって、そうされると今以上に頑張ろうとする。

私がまだ30代で、京都の販売会社の責任者として出向していたとき、たまたま会議場のエレベーターが開いて幸之助（当時70歳・会長）が入ってきたこと

があった。幸之助は私のような若造を知るはずもないのに、実に親しく話しかけてきた。一瞬名札を見て、

「大西くん、あんたは、今どこで頑張ってくれているのかな」

「京都の西半分を担当しています」

「そうだったか、ご苦労さん。あそこは頑張ってくれているようやな」

そこまで知るはずはないと思いながらも、飛び上がるほどうれしかった自分を今も鮮明に思い出す。しかも、思いもかけず私の担当する販売会社の取り組みを知っていたということをあとから知り、うれしさがいっそう強くなった。

幸之助は社長のときから、全社にわたる事業部、営業所のすぐれたところとそうでないところの実績に、異常なほど関心をもって把握し、その責任者名とやり方とを事例として頭に入れるように努めていた。

「この人のためなら」と思わせる

幸之助の、人と功績を知るというやり方は、その対象となった現場に報い、そうでない現場を奮い立たせる大きな要因となっていた。

幸之助の秘書に聞くと、向こうのほうから社員が近づきつつあるときに、とっさに「あれは誰かな」と聞いて、「○○くん、元気にやってるか」と声をかけたらしい。間に合わなくても気安く声をかけて、そのあとから名前を聞いて覚えていたようだ。

社長時代はコミュニケーションの取り方が実にこまめで、事業部長止まりでなく、その下の課長クラスまで「○○くん、元気にやってるか」という電話がかかった。社員もそれを半ば「恐怖」し、半ば「期待」して待っていた。

このようなことによって「この人のためならば」という気持ちが起きないほうが不思議である。

Let's Try!

人に興味をもち、相手の名前だけでなく仕事ぶりを知る。知っていることをその相手に伝える。よいことはまわりに紹介する。

理で判断し情を添える

松下幸之助の思考法

物事の判断は冷静な理性によって行ない、そのあと温かい情を添える。

❖冷徹に改革し、温かくフォローする

私は、長年接した幸之助を、際立って情に厚い人だと思っている。しかし半面、徹底した合理性の持ち主でもあった。

松下電器の取引先は、戦前、それも松下電器の設立以前からの古い卸代理店が多かったが、昭和50年代から、このままでは流通システムが時代にとり残されると考え、ほとんどの代理店を地区ごとに統合して販売会社をつくり、必要に応じて出向経営者を送り込んだ。

この施策はすでに相談役であった幸之助の主導ではなかったが、彼への「統合をやめてくれ」という直訴《じきそ》が相次ぎ、裁判沙汰《ざた》になるなど一部のオーナーか

ら強い抵抗があったものの、幸之助は時代の流れを読みとって、岩のように動かなかった。

公正な配慮と情が絆を生む

創業以来の代理店の有力オーナーが「販売会社を息子に継がせたい」と、強い直訴を幸之助にしたとき、彼はその息子の資質について詳しく調べたうえで、条理を尽くして「それではあなたも息子さんも不幸になる」とキッパリ断った。

その頃、私はちょうどその合併後の販売会社の出向社長として赴任したが、退いてもらった本人だけでなく、息子も株主として遇したうえに、厚い〝情〟による、私たちの知らない陰でする幸之助の日常のお付き合い、心配りを洩《も》れ知って、「それほどまでに」と驚いたことがある。心配していたそのオーナーの私に対する妨害めいたこともいっさいなく、むしろ力を貸してくれたのである。

小売面においても、勃興《ぼっこう》しつつあった量販店に対しても積極的な姿勢で臨んだが、系列店に対する公正な配慮を怠《おこた》ることはなく、2万店に近い街の電気店の勢力は、今もパナソニックと精神的にもつながって、世界的にも特異な連帯として存在し、デジタル家電や高齢者にめっぽう強い商売を展開している。

PHP研究所の前社長・江口克彦氏によると、幸之助が同研究所の経営を任せるにあたって言った言葉は、次の一言であったという。

「きみ、これからはな、冷静に物事を考えてな、それからそっと情つけや」

ビジネスに限らず、現世ではこの2つの葛藤《かっとう》を避けるわけにはいかないが、もともと〝情〟の人と思われる幸之助が、まず**情に流されずに〝冷徹な理〟で判断し、それから「そっと情」**というのは、**夏目漱石が提起した「智に働けば角が立つ。情に棹《さお》させば流される」**という**人生の難題に、1つの答えを出している**と思われるのである。

Let's Try!

物事の判断は、情に溺《おぼ》れず理性によって行なう。それで嫌われることがあっても、心配りや感謝の念という温かい情をもつことを怠らない。

理で判断し、情をつける

「智に働けば角が立つ。情に棹させば流される」（夏目漱石『草枕』）

判断 ＋ 理 → 角が立つ
判断 ＋ 情 → 流される

「冷静に考え、そっと情をつける」（松下幸之助）

判断 まず、理（冷静 合理的 割り切り）＋ それからさっと、情（感謝 心配り）→ 角も立たずに流されもしない

幸之助的思考

角が立ったり流されたりしないために、まず理で判断し、そっと温情を添える

愛がなければ人は動かない

松下幸之助の思考法

理論や駆け引きではなく、部下や人の幸せを願い、愛の心で経営する。

❖やむなく解雇した人を引き戻す

人間の原動力といわれる〝欲〟と〝愛〟。幸之助の〝欲〟についてはすでに述べたが、〝愛〟もまた過剰といってよいものだった。

幸之助が、一見すると「たよりなげな」普通のおやじなのに、万余の人を使い、奇跡のように会社を発展させた要因に、このありあまる〝愛〟の力があることはまちがいない。それは業績を上げるためのものではなかった。

「経営者、責任者には、本当に社員の人、部下の人の幸せを願い、慈《いつく》しんでいく慈悲の心が大切なのである。その慈悲の心をもたず、理論やテクニックだけで人を使おうとしても、人々は本当に心から喜んで仕事をしないだろう」

また、幸之助がいくら「正しいこと」を言っても、愛がなければ社員はそれを頭では理解しても心は動かなかっただろう。

敗戦後、戦災によって経営が破綻《はたん》し、しかも財閥指定と公職追放で経営がままならず、会社は日本一の滞納王――。幸之助個人も借金王とされ、倒産同然の状態となった。ついに会社の存続が危ぶまれ、希望退職を中心に約1700名の人員削減を行なったが、幸之助はこのことを繰り返し悔やんでいた。

「今までどんな苦しいときでもやらなかった人員整理だったのに……生涯このときほど不本意でさみしい思いをしたことはない」

しかし、その直後に公職追放と財閥指定が解除された幸之助は、かなりの数の退職者を復職させたのである。

眼の前の1人に対する心配り

戦前の世界恐慌のときの「生産半減、全員セールスで解雇せず」の対策も、赤字防止と従業員への〝愛〟の綱引きの末、考え出された。「企業は人なり」というのは、口先だけではなかったのだ。

幸之助の〝人間尊重〟は、このような制度政策だけではなく、目の前の1人に対しても示された。

私が代理店の出向経営者だった頃、会議のあとにパーティーがあった。会議で事例発表をしたこともあり、私は幸之助（当時会長）と同じテーブルの隣席だった。若造の私に対する彼の気づかいは、普通ではなかった。

「そうか。あそこが頑張ってくれているのはよく知っていた」とほめてくれたり、「出向しているとつらいこともあるだろうが、いい勉強になってるで」と励ましてくれたり、「何か困っていることはないか」と聞いてくれたりした。

それから幸之助は自分のお皿のすしを「若いから足らんやろう」と、すすめてくれたり、ショーの新人タレントについて「あの子の名前知ってるか？　あの子はな……」と教えてくれたりもした。

私が、彼のこの身を削るような気配りを受けて感じたのは「この人は地位や権力で人を動かしているのではないな」ということだった。メーカーの得意先サービスや会社の従業員慰労というレベルでもなく、上司が部下に対するようなものでもなく、隣に座った若者に対する親のような愛情だった。私がそのと

正しいことを愛をもって行なう

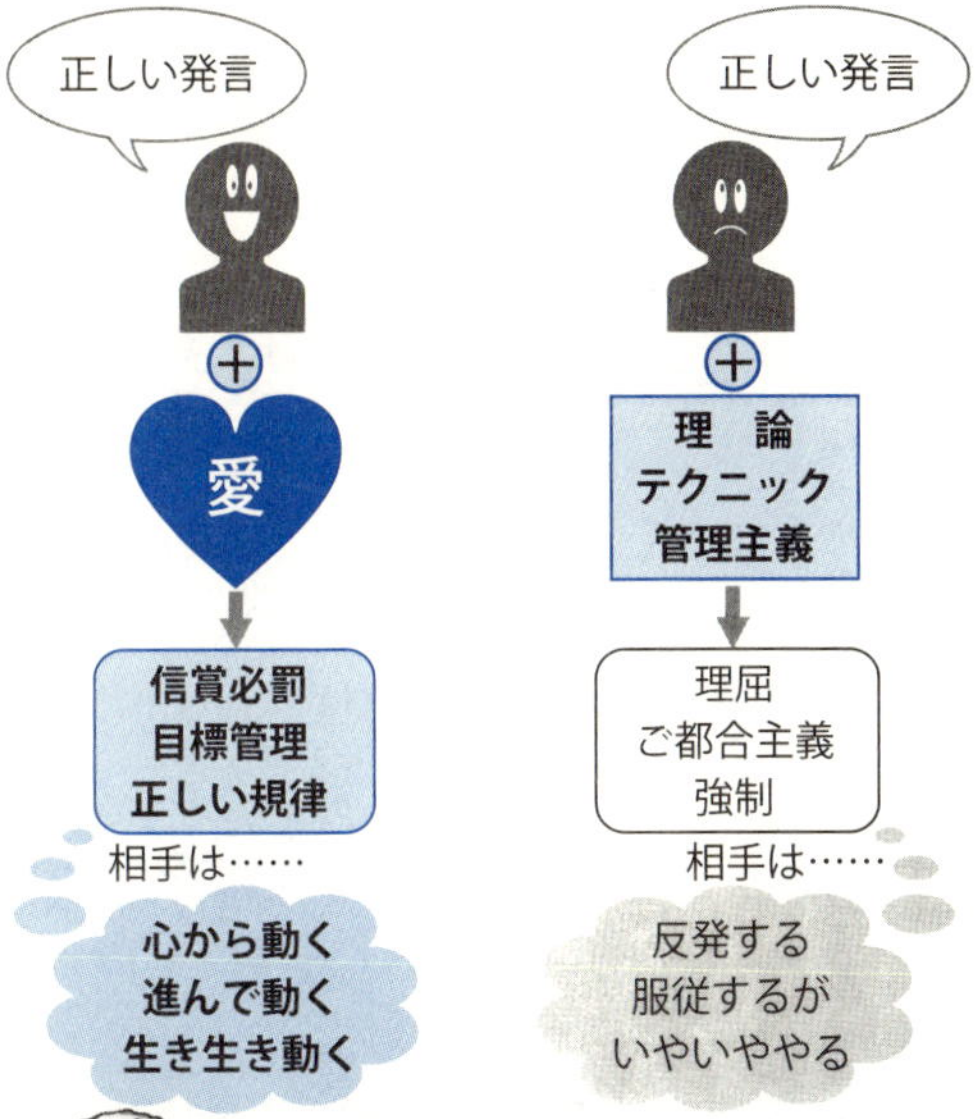

幸之助的思考

正義を進めるのでも、愛がなければ人は動かない。愛があっても規律や管理がなければ心がゆるむ

き感じた「この人のためならば」という思いは今も変わらない。

厳しさももちあわせる

もちろん、幸之助はマネジメントもきわめてシビアで精緻《せいち》だった。たとえば高賃金—高能率、権限委譲—信賞必罰などである。

しかし、学歴や派閥でなく実力本位の公正さがあったから、それは、ますますヤル気と自主性をかきたてる方向にはたらいた。

親に愛があれば、厳しさを見せても子はひがんだりゆがんだりすることなくすくすく成長し、子同士も競争意識をもちながらも仲良く育つだろう。社員同士の場合、経営者のもと、一致団結することになる。

Let's Try!

地位や権限、駆け引きやテクニックだけでなく、今、目の前の1人に対して、相手のプラスを願って信と愛の心で人を動かそう。

第3章

「仕事力」がつく思考法

「できないからできる」と考える

松下幸之助の思考法

「不可能だから可能となることがある」と考え、一からやり直す。

❖不可能だと思ったら、考えをそっくり入れ替える

幸之助が社長の頃、経営危機に直面していたオート・ラジオ（カー・ラジオ）の工場で、事業部長以下が会議をしていた。

トヨタからの納入価格20％ダウンの要求に対し、みんなで知恵を出し合ったが、どうしても不可能で、いよいよ「断ろうか」という結論を出そうとしていたとき、突然幸之助が入ってきた。

話を聞いた幸之助は、次のように言った。

「トヨタさんの要求は、僕は、今の情勢からしてしごくもっともやと思う。これはトヨタさんの要求やない、日本の要求や。日本はもっとコストを下げてど

んどん輸出を増やさないかん。それにだいたい、きみたちの利益も少なすぎる。うちもそれでは困るんや。

少々のコストダウンは、これやめる、あれやめるとなってロクなことにならない。性能は絶対落とさないように決めて、２割引いてなお１割儲《もう》かるように、いっぺんそっくり頭を切り替えて全面的に設計し直そうじゃないか」

ピンチをチャンスと考える

「チャンスというのはしばしば訪れる。ところが多くの人がそのチャンスが来たことに気づかない。それをとらまえ損なうんだ。きみ、これは素晴らしいチャンスだよ！　できる、必ずできる、やってみい！」

そのとき松下はまだ、オート・ラジオでは三流だった。しばらく沈黙が流れたが、ついさっきまでの絶対不可能な世界が様変わりした。

事業部長が、

「これはやれますよ。やりましょう。チャンスです。やりましょう。きっと成功してお眼にかけます！」

それから半年――。松下のオート・ラジオの20％以上のコストダウンはみごとに実現し、これを機に松下電器のトヨタに対する取引が急激に増加し、利益も大幅に向上した。チャンスを生かした松下電器のオート・ラジオが一流の仲間入りをすることとなった。

物事が不可能と思ったときだから、できることがある。日常の延長線上で考えてはどうにもならなくなると、「根本から問い直す」「みんなが知恵を出し合う」ことができるからだ。

不可能をそのまま不可能と考えるか、不可能だから可能と考えるか。逆境をピンチと考えるか、チャンスと考えるかが運命の分かれ目である。

Let's Try!

不可能なことにぶつかったら「チャンス」と考え、すべての方法を白紙に戻して一から問い直してみる。

改善とイノベーションの違い

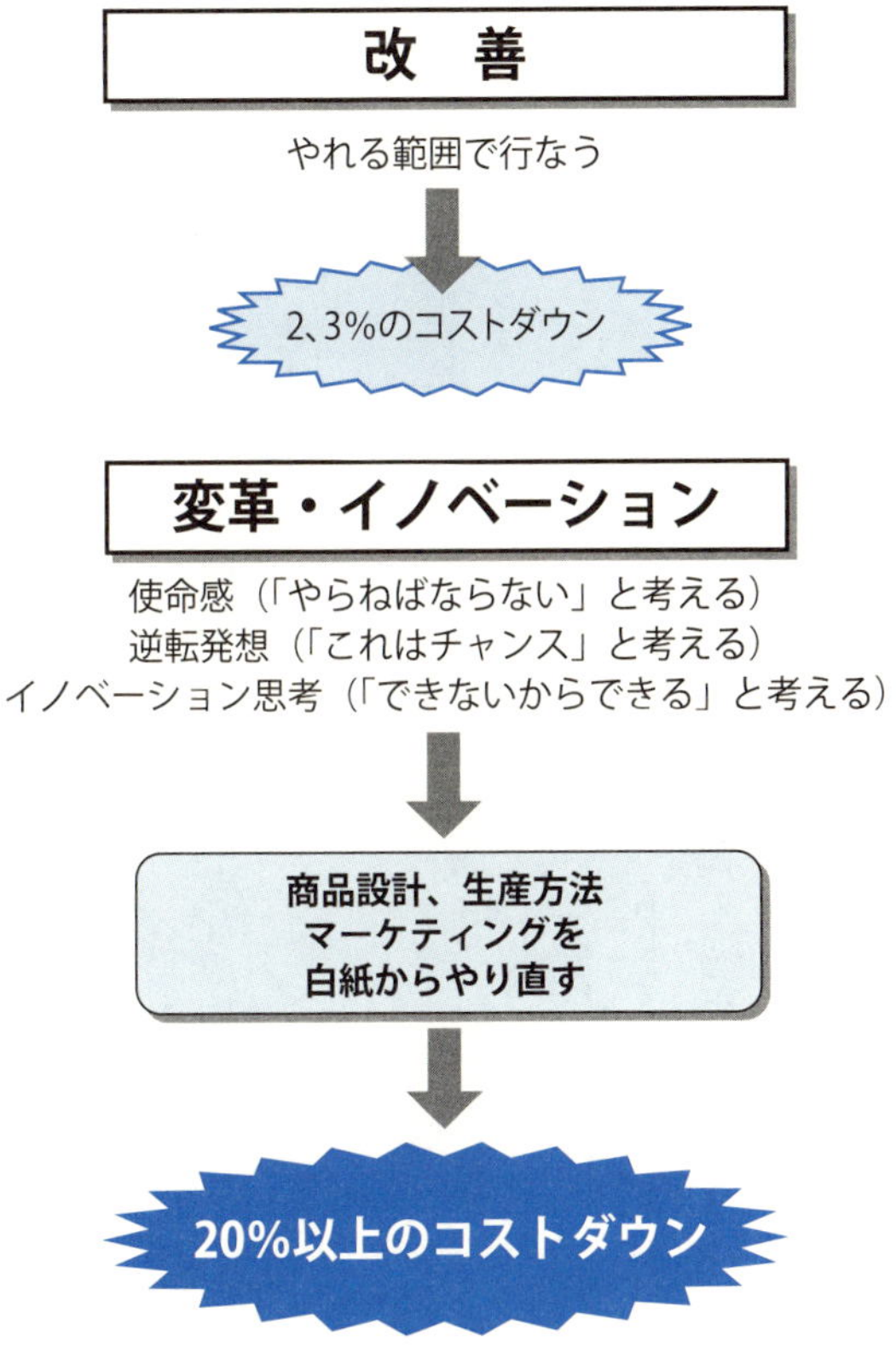

矛盾することを「両方やろう」と考える

松下幸之助の思考法

矛盾することを同時に成し遂げなければ、大きな成功はない。

❖ 両極を両立させる

幸之助は、物事をよく自然の摂理と照合した。

「本来、宇宙にあるものは、それぞれに対立しているのです。……たとえば太陽と地球との関係についても、対立しつつ調和しているからこそ、秩序が保たれ、地球上の生物も生きていくことができるのです。もしその距離が極端に近くなったり遠くなったりすると、地球上の生物は一瞬にして亡びてしまう。いずれにせよ、宇宙に存在するすべてのものは、それぞれに対立しつつ調和し、日に新たなものを生んでいるのです」

相矛盾するからこそ、そこに大きな成功の法則が潜んでいると見ていたのだ。

矛盾することを両方やる

欲望 ⟷ 使命感
ドライ ⟷ ウェット
悲観 ⟷ 楽観
優しさ ⟷ 厳しさ
不変 ⟷ 変革
トップダウン ⟷ 権限委譲
タテのネットワーク ⟷ ヨコのネットワーク
独創 ⟷ 常道
大企業 ⟷ 中小企業
自由 ⟷ 強制

大成功へ！

幸之助的思考

互いに矛盾することを同時に成し遂げなければ、大きな成功はないどちらか片側に偏ったり中途半端ではなく、**両極を際立たせることが、より大きな価値を生む**と考えていた。

幸之助の大きな成功の裏を探ると、その生き方、仕事の進め方のなかで、この考え方がいかに大きなカギとなっていたかがわかる。

昭和恐慌の真っただ中で、幸之助は「解雇は絶対したくない」「赤字はどんなことがあっても出したくない」という矛盾を両立させようとした。この両極が分裂せず、強い綱引きの結果生まれたのが「生産半減、全員セールス」という、他に類を見ない、幸之助自身も初めての新手だった。

戦後、「労働組合がなかったら、経営者がいくら配慮しても、独裁的になってしまう」と労働組合の結成を真っ先に歓迎した。これはあえて労働組合を存在させて強くさせ、〝強い経営〟という両極の綱引きによって「高効率・高賃金」を生み出していこうという考えである。

矛盾するもの同士が掛け合わされて大きな価値を生む

幸之助の大きな成功にひそむ、「相矛盾することが同時に成し遂げられた」

例を挙げよう。

「欲望と使命感」「ドライとウェット」「悲観と楽観」「優しさと厳しさ」「不変と変革」「トップダウンと権限委譲」「タテのネットワークとヨコのネットワーク」「独創と常道」「大企業と中小企業」「自由と強制」「コストと品質」……。

「すぐれた王は、両極の存在とその相互作用を知っている」

２０００年以上も前の老子の言葉である。リーダーシップにおける柔と剛、優しさと厳しさの両極の大切さが説かれているが、これがビジネスと人生に〝ツキ〟を呼ぶ黄金律だということを、幸之助は身をもって証明していたのだ。

Let's Try!

2つのテーマが対立したとき、どちらかに偏らず、中途半端にもせず、両方をギリギリまで追求して両立させる方法を考える。

当たり前のことに、当たり前でなく集中する

松下幸之助の思考法

つまらないことでも打ち込めば、興味とアイデアが湧いてくる。

❖徹底して当たり前のことに集中する

考え方や方策が、きわめてユニークだった幸之助だが、そのすべてが基本に忠実で、原理原則に根差していた。そしてそれら**「当たり前のこと」を尋常でないほどに徹底して考え抜き、行動に移していた**のである。

幸之助の話は、ごくごく当たり前のことが多いため、聞く側がよほど気をつけていないと危うく聞き逃してしまうくらいだった。実は、その「当たり前の話」こそ、彼の成功の大きな要因の1つなのだ。

そもそも、物事の道理はすべて平明で、それを素直に表す彼の考え方や話は、いつでも誰にも通じるため、みんなが親近感をもつ。しかし、そんな彼の

語る当たり前のことが実際にはなかなかできていないことが多く、聞くみんなが身につまされるのだ。

当たり前のことなのに、なぜみんなにできないのか？　幸之助がみんなと違う点は、**当たり前のことを、徹底して行なう力が尋常ではない**点である。

たとえば、現場や会議などで聞き飽きるほど使われている「お客様第一」。この言葉を幸之助が行動に移すと、「お客様が見えなくなるまで見送る」「お客様の要望はすべて受け容《い》れる」「人はみなお客様と考える」「お客様のほしがる商品でなく大喜びする商品をつくる」「お客様本位ということを起点として経営改革を繰り返す」ということになる。「お客様第一」という当たり前のことを、実際にこのような行動に打ち出している人は少ないだろう。

さらに、「相手の話をよく聞く」ことの大切さもよく説かれる。「なんだ。ビジネスの世界では常識だし、それくらいはやっている」と思うかもしれない。しかしそんな普通のことでも、幸之助のように徹底して行なうと、「話し終わっても聞く」「知っている話でも聞く」「反対であっても理解に努める」「心を通じる」「聞くだけで相手に反省させる」「声なき声を聞く」となる。ここまで聞く人はほとんどいないだろう。
道理に適《かな》うごく当たり前の基本をおろそかにせず、徹底して行なえば、成果が当たり前ではなくなるのだ。

❖ 集中すれば思わぬ面が見えてくる

幸之助はよく、「つまらないと思うことでも、打ち込めば、興味とアイデアが泉のように湧《わ》いてくる」と言っていた。
私たちは、「それはそうかもしれないが、仕事にもよる」「好きでもないことなら熱中できない」と考えがちだ。しかし幸之助の考えと行動に触れると、「好きでないことでも打ち込める。そうすれば興味が湧いてくる。興味が湧かないのは打ち込み方が足りないだけ」と思えてくる。

Let's Try!

つまらないと思うこと、当たり前のことを、方法を変え、これまでよりも徹底して取り組めば思わぬ結果を出す。

「問題は1つだけ」と考える

松下幸之助の思考法

問題が多くても、「これだ」と思うただ1つの本質を捉《とら》える。

常に本質をつかもうと心がける

「たいがいの問題は、多くあるように見えても、〝これだ〟というのは1つしかないものだ」

幸之助の眼は、問題を探し出すだけにとどまらず、全体につながる本質を捉えるというものであった。それは彼の成功の法則の大きな1つといえる。

私の上司が、世界でいちばん薄いというラジオの開発に成功し、幸之助のところに持っていった。幸之助はしばらく耳を傾けていたが、音がよくないことに気づき、次のように言って、さらにもう一段の努力を強く求めた。

「これだけの大きさになったのはよく頑張ったな。しかし、ラジオはポケットに入れるのが目的ではない。音を聞くもんや。基本の性能を落としたらなんにもならん」

上司はこの「偉大なユーザー代表」の求めに気をとり直して打ち込み、「スピーカーを薄くしたせいでかえって高音質」となるように骨身を削った。

結局それは実現し、幸之助から「よくぞやった」とほめられたという。

また、次の言葉は、常に物事の本質に迫らずにおかない幸之助の信念が、よく表れている。

「資金が足りないというものに資金を貸してはいけない。そうすれば、問題に蓋《ふた》をしてますます本質を見失う」「生産が不足する場合に、設備や人を増やしてはいけない。根本的な原因を見つける機会を失う」「うちが商品を組み立てているのは部品の出来具合を試しているのだ。部品が主なのだ」

つかんだ根因にとどめを刺す

日本経済がいわゆる「オリンピック不況」にあえいだ1965年前後、松下電器の卸販売会社や小売電器店が、軒並み在庫増加、販売不振、貸し倒れに

問題は１つだけと考え、総力で解決する

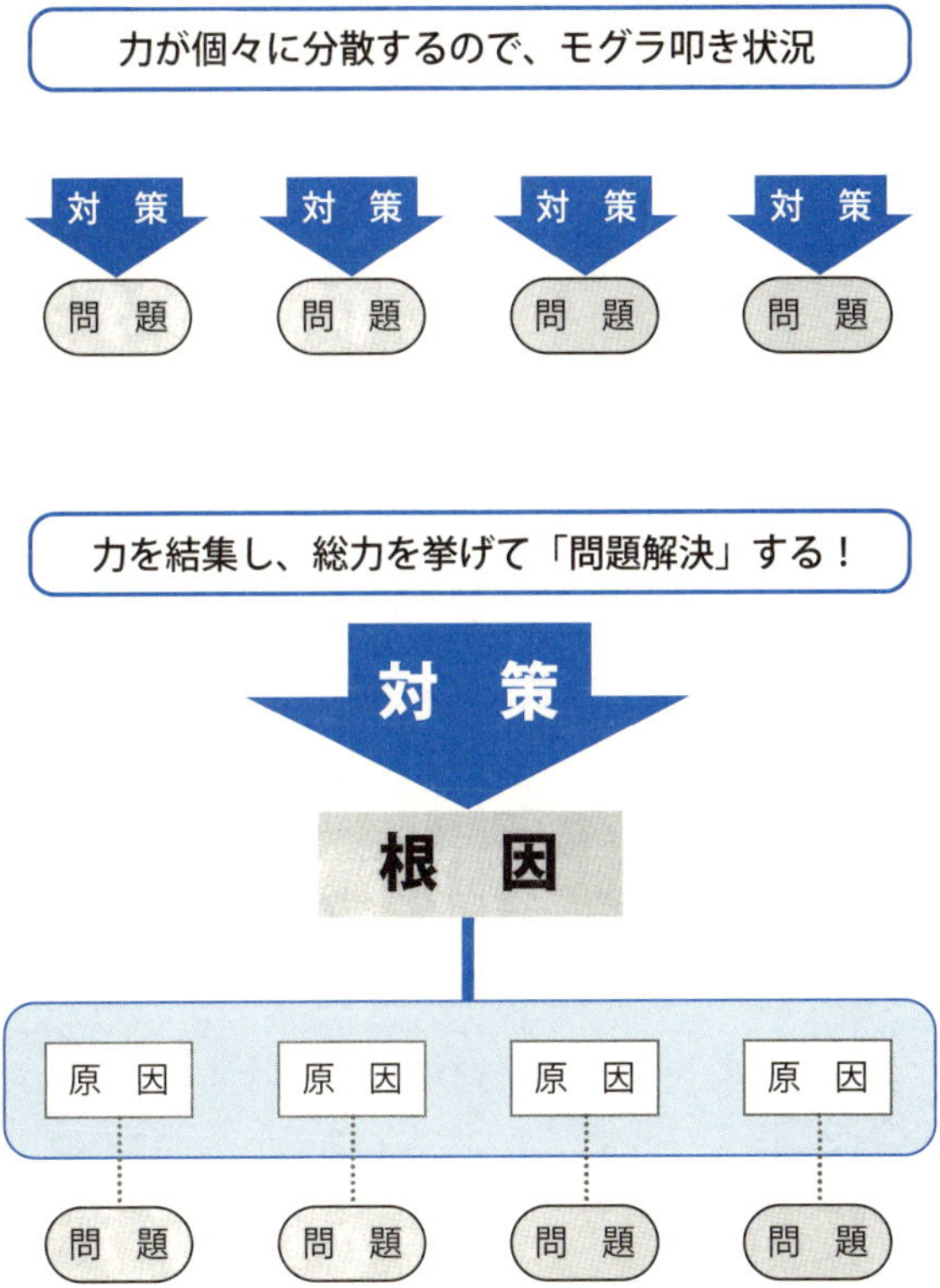

よって赤字となった。そのとき幸之助は、その「根因」はただ1つ、電器店にとって、当時の大型化した商品代金の「集金力」の弱さにある、と見たのである。

そこで、電器店が抱える債権をすべて松下系列のクレジット会社が現金で買い取り、クレジット会社の専門の集金員が組織的に集金するという、当時としては奇想天外な一手を実行した。

この施策の説明を受けた電器店のオーナーたちは、なぜ12回や20回という月賦《げっぷ》債権が現金に変わるのか、すぐには理解できなかったくらいだった。

ほとんどこの一事で、販売会社、電器店ともに急速に経営を回復しただけでなく、電器店は集金という手間のかかる仕事から解放され、営業に注力できたためカラーテレビや冷蔵庫が爆発的に販売されるようになり、大量生産システムに対応する家電流通の近代化が実現したのである。

Let's Try!

問題があってもすぐには取りかからず、いくつかの原因を突き止める。それらとつながっている根因を突き詰め、総力を挙げてとどめを刺す。

知識だけでは負ける

松下幸之助の思考法

頭がよくて良心的でも、それだけでは才能が埋まってしまう。

深く考え、強く行動する

「経営の神様」と呼ばれていたように、幸之助といえば財界人、経営者として有名だった。だがその一方、彼は人間や社会について研究し、多くの学者や宗教家などと親交を温め、話が尽きないことが多かった。

この「思想家」の特徴は、思索の世界に踏み込めば踏み込むほど、企業活動やPHP運動などの社会活動、松下政経塾の創設など、現実世界に体を張って強く挑むという実践家、活動家でもあった点である。

正しいことを追究し、どんな人にも愛情をもとうと心がけた幸之助。しかし企業家としての彼は、ただ才覚があって良心的であるだけではなかった。

❖知識と良心をより生かす4要素

①積極性

「ことにあたっての成否は、必ずしも頭がよいか悪いかではなくて、積極的であるか否かによって決まる。優秀な頭脳をもち、道徳的にきわめて良心的な人が、かえって消極に陥り受け身となって、あたら才能を埋もらせている実例が少なくない。まことに惜しい限りだ。積極とは、たくましさであり戦い取ることだ。競争場裡《り》にも臆《おく》せず駒《こま》を乗り入れることだ」

②熱意

「なんとしても2階に上がりたい。どうしても2階に上がろう。この熱意がハシゴを思いつかせる。階段を作り上げる。『上がっても上がらなくてもよい』、そう考えている人の頭からはハシゴは出てこない。才能がハシゴをつくるのではない。その前に熱意がなければならない」

一例だが、幸之助に商品の説明をした社員のすべてが、話を聞くときの彼の熱心さ、商品を目の前にしたときの熱中ぶりに感嘆している。

③真剣勝負

洗濯機の創生期の頃、松下電器の洗濯機が三洋電機の噴流式におくれをとっていたとき、幸之助は、

「なぜそんなものができたのか。きみは本当に命をかけて洗濯機というものをつくっているのか、きみの言うとおり3カ月待つが、そのときはきみの首をくれるな」

「勝負を竹刀《しない》でする場合、木刀でする場合、真剣でする場合、心構えが違ってくる。**真剣勝負となれば、勝つこともあれば、負けることもあると呑気《のんき》なことをいっていられない。勝つか負けるかどちらか1つ、負ければ命がとぶ。真剣になるとはこんな姿をいう**のである。真剣になるかならないか、その度合いによってその人の人生は決まる」

また、筆者が、担当する市場でほとんどの他メーカー系列店の看板を塗り替えた事例発表をして、「あまりにも過激」と司会者が「資料の回収」を告げたとき、隣席の幸之助は、

「回収しなくていい。商売は食うか食われるかの真剣勝負なのだから」

と激しい調子で言った。

④ユーモア

シビアなだけではなく、幸之助は人をよく笑わせ、和《なご》ませた。ある研究所の技術者が試作品であるトースターの説明をしたとき、珍事が起こった。焼き終わったパンが突然飛び出して、空中で1回転して熱心に見守っていた幸之助の前に着地したのである。彼はそのとき、

「うまいことできとるなぁ。しかしちょっとできすぎちがうか」

その一言で緊張が解け、みんな涙が出るまで笑いこけたという。

Let's Try!

自分がもっている知識・良心を生かすために積極性、熱意を強くし、真剣勝負を挑《いど》む。ユーモアを忘れない。

知識だけでは負ける

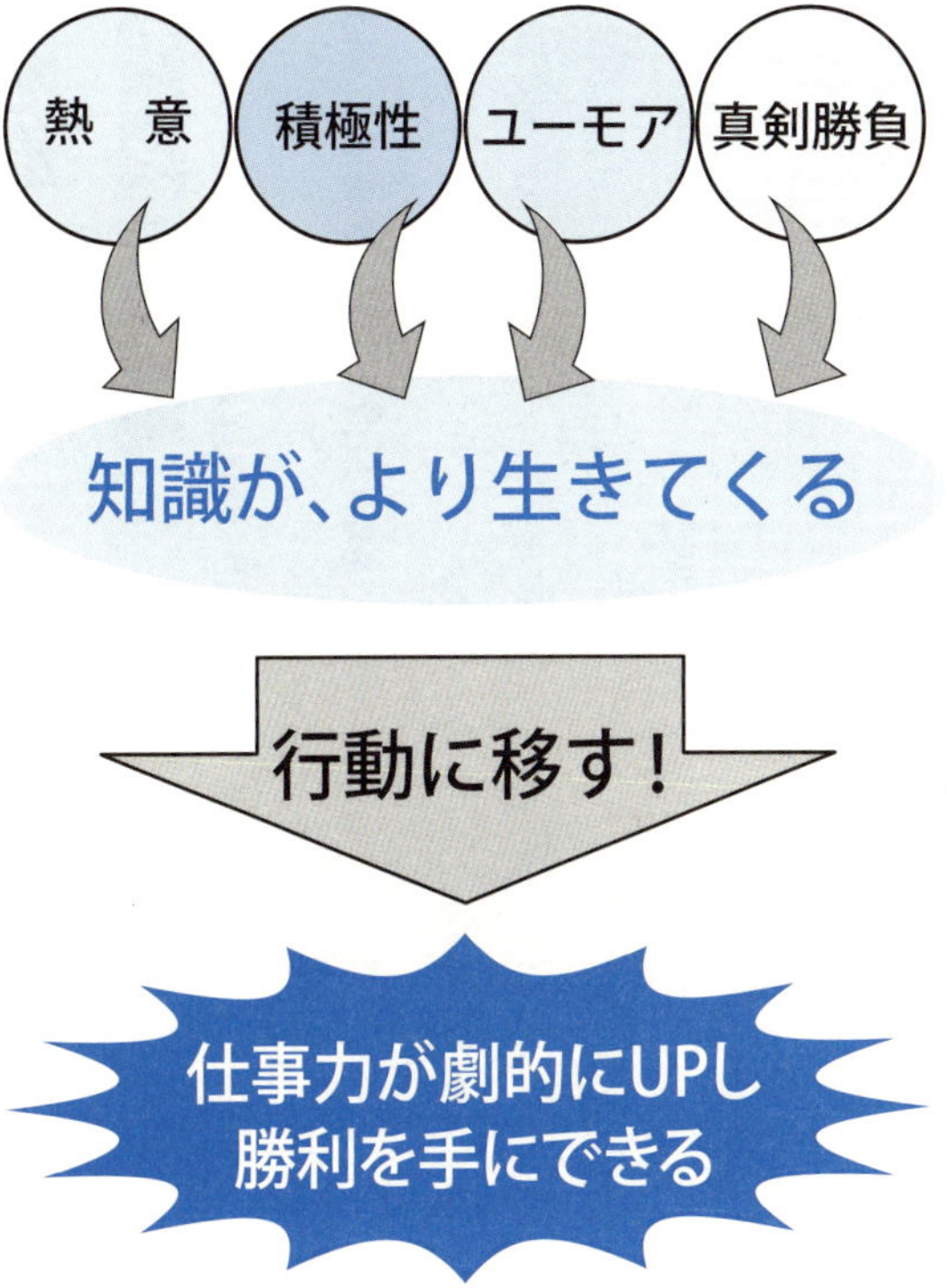
熱　意
積極性
ユーモア
真剣勝負
知識が、より生きてくる
行動に移す！
仕事力が劇的にUPし
勝利を手にできる

演技力を磨く

松下幸之助の思考法

目的のためにはどんな演技でもできる〝名優〟であれ。

❖ビジネスを〝生きた芝居〟と考える

「歌舞伎だとかそういう芝居を見て、『ああ、面白い、役者はうまく演ずるな』といって楽しむことがあります。しかし今のこの世界、この世の中は、ほんとうに生きた芝居です。そしてわれわれはほんとうの俳優である。主人公そのものである。そういう立役者にお互いがなっているのです」

この言葉は、シェイクスピアの「世界は舞台、男女はすべて役者」という言葉に似ている。

ビジネスも人生も、生きた芝居であり、日々、迫真の演技が求められると考えているのだ。したがって、よい結果を求めて、ときには思いとは違う行動をするときもある。むしろそのほうが多いかもしれない。

ビジネスには大まかなシナリオはあっても、セリフが決まっているわけではなく、得意先や上司、部下など相手の出方によって臨機応変な対応が迫られる。状況も刻々と変わっていく。シナリオに沿って演ずる芝居では即興性はむしろ例外だが、**ビジネスシーンではそのほとんどが生きた即興芝居**である。

ある人が、「（幸之助は）歌舞伎の名優のように見える」と書いていたが、まさにそのようなイメージである。たとえば、松下電器の創業50周年パーティのときだ。全幹部社員の前で示した彼の〝演技〟は次のようなものだった。

舞台のいちばん前に粛然と進み、頭を深々と三度下げる。この幸之助の最敬礼に、割れんばかりの拍手が沸き起こった。そのときは、とっさのアドリブとは異なる、心のこもった名優の演技を感じさせられた。

俳優が登場人物の感情のまま演じると演技過剰となり、それこそ観客をシラけた気持ちにさせがちだ。濡れ場の場面など、あまりにも気分を出されると、くさすぎて引いてしまう。

俳優に必要とされる想像力とは、登場人物の感情について想像するだけではなく、どのような演技によって観客を感動させられるのかをイメージする力である。幸之助も、どのようにすれば、まわりを感動に引き込むことができるかを想像し、そのように演じていたのではないか。

❖演技は意志と感情を埋める〝魔法の杖〟

ビジネスシーンにおいて、セールス担当はその配役に徹し、「売るためのシナリオ」どおりに演じなければならない。

リーダーがメンバーに対するときも、自分の感情を押しつけるのではなく、部下がよい反応を起こすように演じなければならない。その幕、その場で「主役」として結果を出すための行動を選び、すぐ反応できるような演技力を磨かなければならない。

別述しているが、幸之助は部下を「給料返せ！」と言って手厳しく叱《しか》りながらも、「きみともあろうものが」と、以前の成果や実績をほめることが多かった。人間は普通、感情を瞬時に切り替えられない。これなどは、結果を出すためのシナリオに沿った演技といえる。

「部下のためにも組織全体のためにもなると思うから命がけで叱る」という意志から、なんの偽りもなく出たものなのだ。
演技という行動は、リーダーやセールスマンにとって、どのような状況においても、どんな気分のときでも、意志と感情とのギャップを埋める〝魔法の杖《つえ》〟である。プロの仕事人なら、目的を達成するためには演技力を磨かなければならない。
感情に対しては偽りの演技であっても、ビジネスでは自らの意志に忠実に、正しい結果を出すものでありたい。また、行動と心の相互作用（大きな声を出していれば心まで元気になる、元気な心があれば声まで元気になるなど）によって、自分にあるべき心をもたらす演技でありたい。

Let's Try!

目的をやり遂げるために、どんな気分や状況をも演技によって乗り切る。プロならそのための演技力を磨かねばならない。

相手にもよいことは貫きとおす

松下幸之助の思考法

相手にもよい、自分にもよいことなら、抵抗があっても必ず説得できる。

❖貸すのは捨てるのと同じ

戦後の不況のさなか、幸之助の友人が「5000万円ほど貸してくれ」と言ってきたことがあった。

「売掛金が2億5000万円ほどあるが、この金詰まりでお得意先も困っているから、これ以上集金できない」

それを聞いた幸之助は、即座に強い調子で言った。

「自分の尻《しり》に火がついているというのに、なんてお人よしでルーズなんだ。そんなきみにお金を貸しても、それは捨てるのと同じだ。窮状を訴えて、早く支払っていただくように頭を下げよ。だいたい売掛金というのはあくまで貸金なのだから、いただくのが当然だし、お客さんのほうも払えばすっきりして、次のものを買うことができるようになる」

幸之助の言うとおりにした友人だが、結果的に集金は５０００万を超え、おまけに売り上げも増えることとなった。しばらくして、友人は〝お金を貸してくれなかった〟ことと〝商いの道〟をたたき込んでもらったお礼に訪れた。

幸之助は、商売を始めた頃から〝キャッシュフロー〟を重視し、現金回収・現金支払が財務上の鉄則だった。当時、得意先との取引は手形決済が慣行であったため、このやり方は新しい取引店開発を非常に困難とした。

この鉄則を守るために、「商品をよほど売れやすくする」「セールス活動もほかに比べて行き届いたものにする」という方向に全社の努力が強く働いた。そしてそれは、優良取引先の選別にもつながっていく。

抵抗と説得の先に共存共栄がある

それだけではない。得意先も現金回収の必要に迫られて「他社と10年間取引していても利益はほんのわずかだったが、松下電器と取引して、貸し倒れや在庫、それに手間も少なくなり、1年間でこれまでの10年分以上儲かった。厳しくしてもらってよかった」と喜ぶ取引先がたくさんあった。

ユーザーも、現金で払えば次の商品を早く買うことができる。さらにこのことで、松下電器の仕入れ先にも現金支払をして安く買うことができる。

このようにして、時代の慣習を打ち破る現金回収・現金支払というキャッシュフローの鉄則は、取引先にも松下電器にもよい結果をもたらした。

幸之助の松下電器が、無借金経営が続き、抜群の自己資本比率を誇っただけでなく、取引先も優良経営のところが多かったのは、**「自分もよし、相手もよし」という「共存共栄」「Win-Win」の思想が実行されていた**からである。

ただし、彼の言う「共存共栄」は慣れ合いではなく、抵抗と説得のひと山を越えた先にある、真剣勝負をする者同士の厳しい信頼関係であった。

Let's Try!

人間関係でも取引関係でも、相手のため、自分のためにはどんなに抵抗があっても引き下がらずに説得し、必ず共栄の成果を出す。

会社を「自分の会社」だと思う

松下幸之助の思考法

経営者でなくても「自分が会社を動かしている」という実感をもつ。

❖「社員」という事業をする

入社1年目の社内誌編集担当の社員が、できあがったばかりの社内紙を幸之助に届けた。その際「何部発行しているのか?」「1部にどのくらいコストがかかっているのか?」という幸之助の問いに答えられなかった社員に、

「きみが自分で社内紙の商売をしていたら、そういうことはないだろう」

と幸之助は言った。

彼はよく「社員稼業」という言葉を使った。

「この仕事は、自分の事業なのだ。そういう意味で松下電器の社員なのだ。そういう考えに徹することができれば、きみのなかから想像もできない偉大な力

が生まれてくる」

✣「自分の会社」という意識をもつ

幸之助は、ある目的で事業部などを訪問したとき、時間に少しでも余裕ができれば、そこで開かれている会議や現場に突然顔を出すことが非常に多かった。

私もそのような時と場に恵まれた。テレビ事業部の全国の営業所担当者会議で、メンバーは営業の精鋭たちである。

なんの前触れもなくスッと現れた幸之助が、みんなに問いかけた。

「きみたちは、各営業所でテレビの販売を担当しているらしいが、自分の力を発揮するのには非常に恵まれた職場だ。1つ尋ねるが、自分の仕事を自分の稼業と考えてやっていると思う人は手を挙げなさい」

すると、ほぼ全員が手を挙げた。満足そうにうなずいた幸之助は次に、

「松下電器は自分の会社なのだ、と思える人は?」

と問いかけた。

その言葉の真意をはかりかねたのか、ほとんど手が挙がらなかったが、幸之助はたたみかけるように、当時のラジオ事業部長の例を挙げて、こう言った。

「彼の事業部は、事業や商品開発をほかの事業部と協力しながら、次から次へと進めていて、専業とそうでないとを問わず、ライバルの企業を圧倒している。その打ち込み方のレベルが違う。きみたちは社員稼業をしているだけでなく、松下電器のなかで大きな助力を得て、重い責任を担っているのだ。社員稼業であっても、『松下電器は自分が経営している会社だ』というくらい思い、自分の最大限の力を発揮してほしい」

幸之助の要求には際限がなかったが、そのとき不思議に「そうなのだ、松下電器は自分の会社なのだ」と思えてきて、心が躍《おど》るのを感じた記憶が鮮明に残っている。これこそ〝全員経営〟のイメージだろう。

❖「会社を動かしているのは自分」と考える

そのときのメンバーの１人が彼の上司に、「このテレビが売れ残ったらどこへでも飛ばしてください」と、あらかじめ辞表を懐にしのばせ、事業部から数千台を仕入れたり、「私が浮かした拡売費だから手をつけないでください」などと言って、自分の商売のようにモノやカネにこだわっていた。

私たちは、自分の提案が新製品の企画に織り込まれたり、販売の成功事例をつくって全国に広がるのを無上の喜びとしていた。

みんなで松下電器とほかの会社のあらゆることを比べては、喜んだり悔しがったりしていたようだ。

「会社の1つの歯車にすぎない」と思って仕事をするのと、「自分がこの会社を動かしている」と考え、仕事をするのとでは、結果は、自分にとっても会社にとっても天と地ほど変わってくるのは当然である。

Let's Try!

経営者ではなくても、自分に与えられた役割を果たすだけでなく「会社を動かしている」という実感をもつだけの仕事をする。

第4章

「リーダーシップ力」がつく思考法

強烈なトップダウンと権限委譲をする

松下幸之助の思考法

強烈なトップダウンの一方、思い切って自由に任せる。

❖強制が自由をもたらせる

基本的な事柄や危機における施策において、幸之助のトップダウンは強烈を極めていた。しかしそのトップダウンは、衆知を集めたり道理に照らしてのもので、限りなく正しかった。

巌《いわお》のような信念に基づいていたからブレようもなく、自らの陣頭指揮で結果が出るまでやめない。

一見、矛盾するようだが、このすさまじい強制は、同じくらい〝自由〟をもたらせる素となっていた。つまり、社員は基本的なところで迷わなくなるため、示される方向が明確でない場合と比較し、思い切り自主性・個性・創造性を発揮できたのである。

トップダウンが強烈だった松下電器だが、「事業部制」は権限委譲の最たるものだった。

「あまりこまごまと指図すると、部下は言われないと考えない、動かない姿になってしまう。これでは人は育たないし、ほんとうに生きた仕事もできない」

権限委譲をして任せた幸之助だが、結果のチェックは実に厳しかった。たとえば、事業部長が２年連続で赤字、営業所長が１０００万円以上の不良債権を出せば解任だった。しかし一方で、思い切った抜擢《ばってき》や敗者復活もあった。

このように１００％の権限委譲をされると、されるほうは誰にも責任転嫁できなくなる。**１００％の自由は本来、１００％の強制（責任）と一体**なのだ。

究極のリーダーシップ

この「１００％の責任」は、信賞必罰の結果の厳しい管理であっても、人や方法についてこまごました枠にはめ込むものではないため、むしろヤル気と自主性、創造性を最大限に引き出すものだった。

そう考えると、幸之助の次の言葉は重みを帯びてくる。

「目的を明確にし、自由にやらせて、適切に信賞必罰することは、発展の大きな根源にもなるほどのものである」

しかし、自由に任せてよくない目標管理面・規律面・品質面・倫理面・危機管理面・教育鍛錬面は、ほかより徹底して厳しかったといえる。それが、緊張感や安心感をもたらしていた。このメリハリが、松下電器の成長を促し、人材を生み出し続けたといえる。

優しい人が叱《しか》るとよけいに怖い。怖い人がほめるとよけいにうれしい。この、いわば「自由放任よりも優しい自由、管理主義よりも厳しい管理」という両極の、どちらかに偏らず中途半端でもない強い相乗効果が、どちらか一方だけのリーダーの何層倍もの成果をもたらす。

これは究極のリーダーシップといってよいものだろう。

根底に信と愛をもつ

ただ、幸之助であっても、この自由と強制のバランスは、神のように常に完

最大限の自由と同じくらい強制する

自由

権限委譲

●自由な発言

●自由なプロセス

●個別対応は自由裁量

＋

強制

経営理念・トップダウンの方針

行動の基準（マニュアル）

●責任　●目標管理　●規律　●教育　●競争　●品質

●倫理　●危機管理　●法令　●評価（信賞必罰）

↓

自主性、創造性が引き出される

最大限の能力が発揮される

最大限の成果を得られる

幸之助的思考

自由だけではだらけたり、甘える。強制だけでは受け身になったり、反抗心が生まれる。２つをかけ合わせると、最大の成果がもたらされるべきなわけではなかった。少し叱りすぎたり、ほめすぎたりして、そのあいだを行ったり来たりしていたことは事実である。

しかし、その**根底に人間に対する信頼＝愛、会社をよくするという強い思いがあったため、多少バランスが崩れてもそれは問題にならなかった**ようだ。

現実には、どうしても命令したがる上司と、命令されないと何をしていいかわからない部下がいる。そのような人に幸之助は、彼らに向いた効率本位の仕事に当たらせた。

幸之助にとっては、そのような人もなくてはならない人だったのだ。ただしその場合にも教育を惜しまず、自覚が生まれればチャレンジの機会を与えていた。

Let's Try!

方針・目標を強くトップダウンし、結果の管理をもっと厳しくする。同時に教育に力を入れ、プロセス面はギリギリまで自由にする。

「任せられない」と思う相手に任せてみる

松下幸之助の思考法

「任せられない」と思う相手にも「任せ方」がある。

人も自分もその気にさせる

幸之助自身、「ある人に何かを任せることができるかどうかは、実際のところは任せてみなければわからない」と言っている。

確かにそれは「リスクのある賭《か》け」だが、「任せられると思えないままで任せる」といったギャンブルとはちがう。信じられない相手でも、幸之助のように次のプロセスを踏めば信じられるようになる。

①会社の方針と仕事の重要性を説き直言する（任命時）

会社の方針と、その仕事の重要性を説き、「きみならやれる、必ずできる。頼むぞ、きみ！」と何度も握手をし、立ち上がって部屋の出口まで送る。相手

は これで奮《ふる》い立つ。

同時に、歯に衣着せない忠告や心構えを、それぞれに応じて直接説く。相手も、「幸之助から信じられた」という感激の波の中でそのことが身に沁《し》み込む。

幸之助は「任せたら相手は感動する」と考え、「きみならできる」と、まわりはおろか当の本人でさえ「まさか」と思う人に平気で任せた。

「欠点がある人ほど、任せてくれたと感激する。そういう人の部下ほど二番手、三番手の人が支える」

②状況を聞き、フォローする（任命直後）

任せた相手が着任後は、頻繁に電話をかけ、状況を聞く。その時点で具体的な指示もなくはないが、幸之助の本心は「きみに強く期待している」ことの気持ちを表すところにあったのではないか。

それから、「どこの現場を見て来い。誰のところへ行って聞いて来い」という、指示というよりアドバイスをすることも多かったが、次のような絶妙なフォローもあった。

「それぞれの個性を抑えてこうせい、ああせいと言わないで、自由奔放に仕事をさせたらいい。けれども（山を登るときに）山から降りる方向へ行ったら、ちょっと待て、そらあかんと言わないといけないですな」

③関心を払い続ける

状況確認の電話はやがて途絶えるが、大きな問題があった場合、突然1人で現場に現れることも多かった。

相手の顔を見つめながら、

「きみ、どうするつもりや？」

と質問をいくつか投げかけ、話を真剣に聞いたあとは、

「そうか、よくわかった。そしたら頼むわ」

とだけ言って帰ることも、珍しくなかったという。

こうなると、相手の力は最大限に引き出されていき、否応《いやおう》なしに成果が上がる。この時点で、幸之助は自然に相手を信じるほかなくなり、心底任せられるようになる。

④情報収集する

幹部の話を録音させてあとから聞いたり、独自のルートを使って情報を入手

していた（この行動は、彼自身の学習という目的もあった）。

幸之助の非凡な点は、苦労人であっただけに情報を鵜呑《うの》みにするのではなく、真実性について確かめ、自分の直観を加えて厳正な判断をしていた点である。

⑤信賞必罰する（結果）

幸之助は、信賞必罰を非常に重視している。

「生き生きとした喜びや物心両面の発明を促すためには、神のような正しさは無理としても、何がより正しい信賞必罰かを求める努力によってこれを実行していかなければならない」

❖実力を発揮できるような環境をつくる

これらのことからわかるように、ただ任せるという〝丸投げ〟ではなかった。任せられた人が最大限に力を発揮できるよう、条件を整えるのである。

幸之助は、「人間は1人ひとりが違うのだ。1人ひとりがかけがいのない存在なのだ」という考え方をもっていた。

したがって、人を使い、人に任せる場合、適材適所を考えるとともに、人と

任せられない人への任せ方

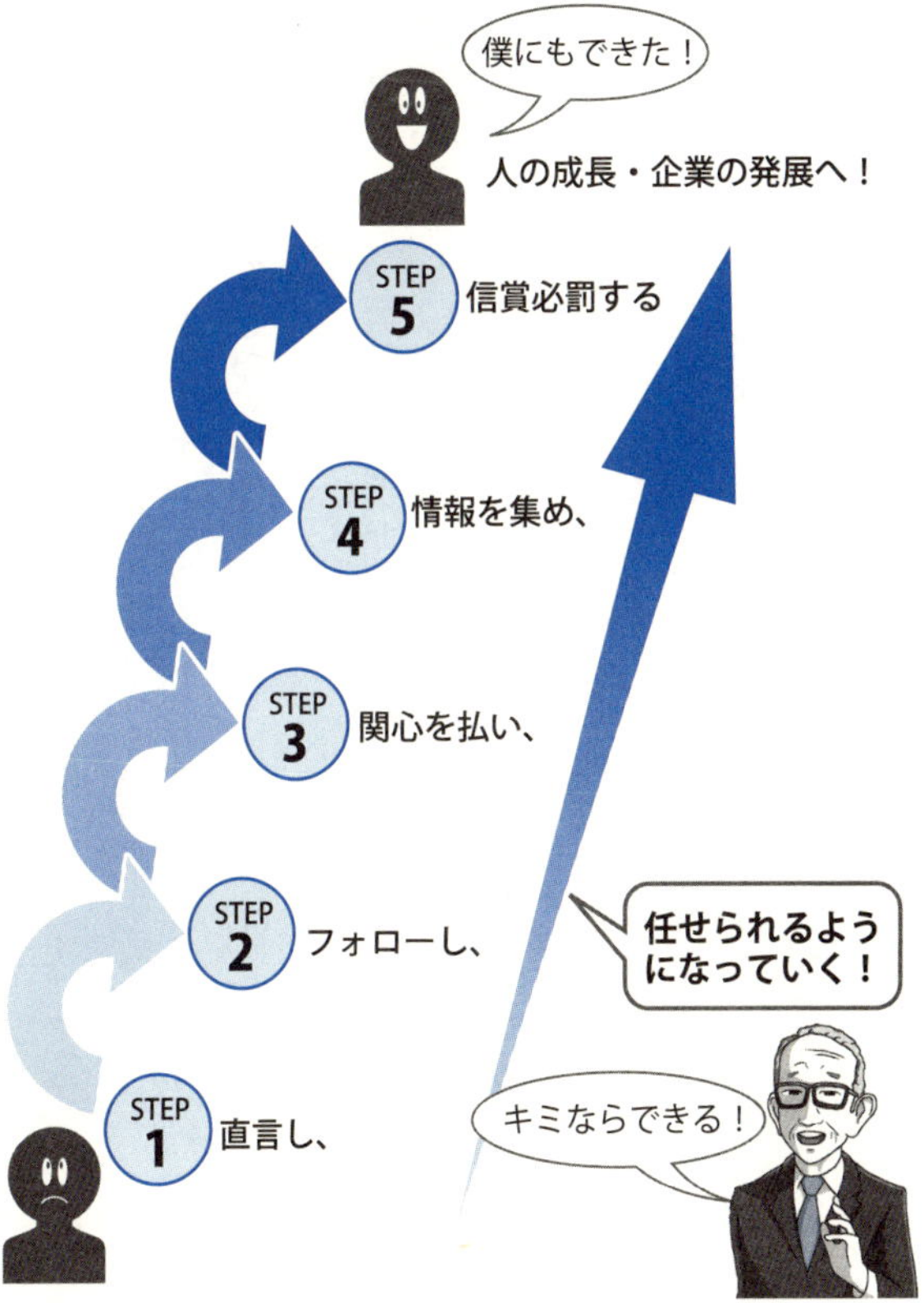
僕にもできた！
人の成長・企業の発展へ！
STEP 5 信賞必罰する
STEP 4 情報を集め、
STEP 3 関心を払い、
STEP 2 フォローし、
STEP 1 直言し、
任せられるようになっていく！
キミならできる！

人の適切な組み合わせも考えた。ある一点だけ除けば申し分のない人物ということであれば、その一点をカバーできる人物をつけて任せる。

「その人を生かそうと思って、この人ではいかんということになったらその人に向くような組織を作ったらよい。少なくとも人を使い人を育てるということのためにはそこまで徹しなきゃいかん」

とまで言っている。

幸之助は、このようにして、**任せることができるかどうかわからない相手でも、心底信じて任せられるように、だんだんと自分を変え、相手を変えていった。**こうしてほとんどの人の力を取り入れていったため、3人の町工場から始まった事業が世界に広がっていったのである。

Let's Try!

「任せられない」と思う相手にはプロセスを踏んで「任せられる」相手にする。そうして100％任せ、そのうえで信賞必罰する。

決断は迷ってもかまわない

松下幸之助の思考法

迷いに迷うこともある。決断後の努力で必ず成功させる。

❖「ものは考えよう」として決断する

「とにかく迷った。迷いに迷った。……なかなか決断できなかった。私は、これは自らの未熟さの表れであると、自分を叱ったのであるが、一面、悩みつつ行なうのが人間であり、手探りで進めるのが人間の歩みであるとも思った」

〝経営の神様〟でもこれだけ決断ができないことがあるのか、と思わせられる発言である。これは、戦後まもなく、オランダのフィリップス社との提携話のことだ。提携のコストは2億円と高すぎるものだった。そこで彼は、次のように考えて心をすっきりさせたという。

「フィリップス社の研究所には3000人もの研究者がいる。2億円出すことによって、それをフル活用すれば、世界でも有数の研究所を持つことと変わらなくなる」

これは自分を納得させて決断するための「ものは考えよう」という一面もあったかもしれないが、極端にいえば、2億円の元を取るためにフィリップス社の技術を「骨の髄《ずい》までしゃぶりとってやろう」というくらい心に決めたから、この決断ができたように思われる。

✣50%の可能性を120%で実現させる

このフィリップス社との提携後、技術面だけでなく、予算管理や品質管理システムなど、経営全般にわたる先進マネジメントのたくさんのおまけが松下電器全体にもたらされた。

「松下電器は、フィリップス社と提携して経営のよいところを技術以上に学ぶことができましたね。技術以外のものは契約書いりませんからね。日本的に変えてやればよい。これはタダですわ。そういうことでだいぶ啓蒙《けいもう》されましたね」

この提携から十数年後には、フィリップス社が逆に松下電子工業にかなりの技術料を支払う分野が出てきた。

「60％の見通しがあればものごとを決める。あとの努力でたいていは90％の成功まではいく」

という幸之助の言葉があるが、この場合、50％の可能性を、そのあとの努力で120％の成果にした、ということができる。

社員がもってくる決裁願についても、このように打ち明けている。

「僕が初めからこれでよいと思って決裁しているのは、４割くらいや。一応決裁してあとの６割は徐々に自分のほうに近づいてこさせているんや。そうでないとことが進まない」

「初めからみんなが賛成なんて、まあない。30〜40％の賛成でも進めながらこっちを向かせる」

Let's Try!

決断は迷い抜いてもかまわない。決断してから120％の成功までもっていく。

言葉と行動を一致させる

松下幸之助の思考法

言葉と行動の一致が自信を強め、信頼を高め、風土をつくる。

❖行動しない決断は決断ではない

自転車店で住み込み店員をしていた幸之助は、当時大阪に電気で市電が走り始めたのを見て、「これからは電気だ」と自転車店をやめることを決める。

ところが、自転車店での6年間の恩義を感じており、なかなか「やめさせてほしい」と切り出せない。とうとう、着替え1枚だけ持って店を逃げ出し、あとからお詫《わ》びの手紙を送ってお礼奉公に行ったりするのだが、彼はそのときのことを厳しく反省している。

「いかにきっぱり決断しても心の中だけの決断であれば、それは本当の決断とはいえないだろう。やはり口に出して言うべきは言い、行動に表すべきことは表してこそ、初めて決断は決断となるのだと思う。私はこの場合、本当の決断はできていなかったのかもしれない」

幸之助の最後の秘書を務めた六笠正弘《むかさまさひろ》氏は、彼の際立った行動様式として「言葉と行動の一致」を挙げている。

言ったことは実行して風土にする

幸之助の類《たぐ》い稀《まれ》な「社員に対する感化力」の要因は、実に「言行一致」にあったのだ。

「お客様第一」と考えたら、「お客さんは見えなくなるまで見送れ」と、まず言葉で表す。この言葉も、彼自身の徹底した実行によって社員たちにも浸透した。

伊藤忠商事の越後正一社長（当時）は、エレベーターの前で幸之助の見送りが終わると思ったが、玄関でも正門でも終わらず、車が角を曲がるまで続いた、と感心している。

その頃、筆者が勤務していた四国・松山から大阪へは船旅が普通だった。この場合、船が見えなくなるまで20分くらいかかったが、得意先の見送りがそれまでに終わることはなかった。幸之助は普通「やりすぎか」と思うことを、少しもそう思っていなかったようである。

「『衆知を集める』というだけではダメだ。実際にどんなことでも耳を傾けてそれを取り上げる。そしてそのことで成功する。そこまで行って、初めて経営が『衆知を集める』ものになる」

このようにして、会社の風土そのものを自らの望むようにすることができた。

✣言・行と〝果〟の一致

幸之助は85歳で、私財によって松下政経塾を設立した。

彼は政治に関心をもち政府に対して厳しい意見や具体的な提言をしていたが、「よいと考えたことは、考えているだけではなんの意味がない。言うだけでも同じこと。実行して初めて本当に考えていたことになる」

という言行一致の思考法、陽明学でいう「知行合一」の信念から出た行動の結果が、松下政経塾の設立だった。

成功するまでやめない幸之助とはいえ、高齢である。しかし彼はそれを問題にせず、「自分の年齢も考えず決意したのでありますが、誰かきっとこの志を受け継いでくれる。今からでも決して遅くないと確信を持って始めたいと思ったのであります」と言い、行動することに意味を求めた。

同塾は政治家の養成だけをめざしたのではないが、2011年時点で、同塾出身の政治家は国会議員（大臣を含む）、首長、地方議会議員を合わせると70人を超える。ほとんどの議員たちが、松下政経塾で学んだことを重要なバックボーンとしており、その結実は豊かなものといえる。

言行一致の「言」「行」の次に〝果〟の文字が加えられるのが、幸之助の特徴である。

Let's Try!

言ったことをそれ以上に徹底して実行し、成果を見るまでやめない。そのようにして自信と信頼を積み重ね、風土をつくる。

事例を共有資産にする

松下幸之助の思考法

成功も失敗も、あらゆる事例を個別に終わらせず、全社で共有する。

❖失敗を共有し、みんなで考える

数千人が集まったある年の経営方針発表会の席上だった。炊飯器が他メーカーに比べて完敗していたため、幸之助は詳しく事情を調べてその敗因を解明して見せ、「どうすればこの失敗を生かすことができるのかをみんなで考えてほしい」と訴えた。

みんなの前で叱るのならあまりよい方法とはいえないが、どの事業部も、自分の身につまされることであり、炊飯器事業部を笑う者はなかった。炊飯器事業部長も不名誉であったことは確かだが、乾坤一擲《けんこんいってき》の奮起を促すことになったのはまちがいない。

そして5年後。経営方針発表会で幸之助は、同事業部が圧倒的首位を獲得するという不屈のリカバリーについて、感動をもって紹介したのである。

また、松下電器のコーヒー沸かし器の市場での評価が下位であることを知った幸之助は、「当社のお家芸の商品ではないか」と言い、輸入品を含めて全メーカーの商品（50台程にもなった）を買い集め、本社の会議室に並べさせた。

全社の事業部長・営業所長の会議のときに、担当の電熱器事業部長に不振の現状と原因を説明させ、問題を共有させたのである。

それぞれの事業部に、改めて自分の商品の「性能・価格・品ぞろえ・宣伝」の問題点を明確にさせるためである。席上、特に幸之助が叱ったり指示を出したりしなかっただけに、このデモンストレーションはかえって多くを語り、担当事業部や宣伝事業部はもちろんのこと、全事業部の強い自省を促した。

自然発生的な事例も全国展開

その後、何度も電熱器事業部の経過報告を聞いた幸之助は、そのたびに叱るどころか「きみ、それはたいしたもんや」「きみは名人や」「もう一息や」というように励ましたという。

結局、首位奪取に何カ月もかからなかったのである。当の事業部長は、これまで自らの力の出し惜しみに慄然《りつぜん》としたという。**満座での自己反省は、逆にたちまち面目を施す結末となり、その成果と方法がまた全社に対する刺激となった。**

全国社長会議でも、地域別シェアが色分けしてスライドで示され、必ず輝かしい実績を伴ったいくつかの販売成功事例の発表者が幸之助の隣席に立ち、夜のパーティーでは、発表者は幸之助のテーブルに招かれた。

その事例は、松下電器本社が実験的に育成したものも、自生的なものが発掘されたものもあった。そしてそのほとんどが、ケーススタディとしてまるで渦《うず》のように全国の販売会社に広がっていった。

Let's Try!

成功や失敗のありとあらゆる事例を収集し、その中から選んで全体の反省材料、成功事例として展開する。

ツルの一声を利かせる

松下幸之助の思考法

権限は委譲しても、権威は委譲しない。

❖「従わせる」のではなく自発的に「従わせてしまう」

「権限は委譲しても権威まで委譲してはいけない。このことは能率的効果的な運営をしていく上できわめてたいせつと思う」

松下電器のように、部品・照明・電池・電化・住宅設備・AV・環境・健康医療・システムなど、これほど多様な商品・サービスを扱っている企業は珍しい。当時は60ほどの事業部が林立していた。

これらを1つの経営理念で結びつけ、能率的かつ効果的に業務を連携させるには、全社員が認めるよほどの人徳と権威をもつリーダーがいなければ無理だろう。

多様な事業の共同体でなくとも、特に危機管理や重要決定時には、メンバーに理屈抜きで従わせる権威が必要である。経営学者のピーター・ドラッカーは「反対意見のない決定はしてはならない」と言っているが、「**決定後は従わさなければならない**」のだ。

「従わせる」といっても、「罰せられるから従う」というのでは、人、そして集団から生まれるパワーはたいしたものではなくなる。

自発的に従わせるには、単に命令と処罰だけでなく、やはり「あの人の言うことなら」というオーラが必要である。

組織が大きくなればなるだけ、〝睨《にら》み〟は取り巻きの幹部だけにしか利かなくなる。そうすると〝オーラ〟は、ますます重要になってくる。

❖受け身・指示待ちにしない従わせ方

ただしここで難しいところは、メンバーが受け身となって、ただリーダーの指示を待って、ロボットのようになってしまい、思考停止で言われるとおりにしか行動しないようになってしまう点である。

幸之助は日常、事業部制という権限委譲により、こまごました指示を明らかに避けていた。しかし、**経営理念の実行面は有無を言わさず峻烈《しゅんれつ》で、緊急の危機管理面では専制的**だった。それは衆知を集めたもので、しかもその内容について、自ら先頭に立って納得のいくまで説明しようとした。

よく、オーナー経営者の強力なトップダウンは、もともと特別強いものとして扱われる。しかし幸之助について見ると、決して「創業者だから」というものだけではない。幸之助の〝ツルの一声〟がよく利いた理由を探ってみる。

日常の積み重ねがオーラとなる

・幸之助が積み重ねた実績は、後光のように輝き、何よりも確かな説得力の根拠となった。みんなを「彼の言うとおりにすればまちがいない」と思わせる。

・人の話を傾聴する。衆知を集める場合、その質と量が普通ではなく、自ら熟慮に熟慮を重ねて決定するため、決定的に正しい内容となりブレることなく、その説得力は圧倒的な迫力をもった。

・言ったことは断じて実行し、達成するまで手を止めることはなかった。言行一致は部下の信頼の源泉だ。

・権限委譲と信賞必罰が明快だった。

・高い理想と現実的な方策を盛り込んで納得させる、偉大なコミュニケーターだった。

・打ち出すビジョンは、いつもユニークでアイデアに満ち、人をひきつけた。

・わかりやすくみんなを感動させる話を、幹部だけでなく全社員に直接呼びかけ、夢を会社と個人で共有させることを心がけた。

・たえず社員の人生や生活における幸福を願う姿勢、信頼と愛情があった。

・会社という集団と、一心同体の生きざまであった。

こうした日常の実績と納得の内容のツルの一声だからこそ、専制的リーダーの強制より以上の「心からの強制力」をもっていたのである。

Let's Try!

危機のとき、変革のときに必要なツルの一声を利かせることができるか、を自問自答する。そしてそのときのための力を平生から積み重ねる。

「ツルの一声」を利かせるのに必要な10のこと

1 普段から傾聴し、衆知を集める
2 権限委譲と信賞必罰の徹底
3 全社員とのコミュニケーション
4 これまでの実績によるオーラ
5 言行一致
6 発言がブレない
7 達成するまでやめない
8 高い理想と現実的な方策を示す
9 会社と一心同体の生き方
10 社員の幸福を願う姿勢

自発的に「従わされてしまう」
〝権威〟が生まれる！

「凡人」が「凡人」を非凡に生かす

松下幸之助の思考法

「凡人」だからこそ「凡人」を非凡に生かせる。

❖「自分が凡人だから、人がみんな偉く見える」

「凡人だったからだろう。人と比べて誇れるようなものはない。それがよかったと思う」

「部下がみんな偉く見える。自分より学問がある、才能があると立派に感じられる」

これは幸之助が、自分の成功した理由を聞かれたときの言葉である。彼がこう感じていた理由を、次のような言動から探ることができる。

「どんな人でも、非常によい考えを出すことがある。それをそのままやると素晴らしい結果を生む。幸いなことに、私はこれを無数に体験してきた」

彼のように、人の話にあれだけ集中して耳を傾けたら、誰の話からでも得るものが出てくるのではないだろうか。

反対の意見、直言する人にも興味をもち、どの人をも尊重できる。「会社のために働いてくれている」と手を合わせて感謝するくらい社員が偉く見え、若い社員をかわいいと思い、年老いた社員にも「あんたは、ええ子やなぁ」などという言葉をかけるのだから、相手も感動して「この人のためなら」と頑張る。

「人をそのように見ることができなかったら、ボタンのかけちがいのように、人と人との関係も、人づかいも最後までうまくいかないよ」

人の力を普通より上に見て感激させ、しかも絶妙の適材適所で使うため、人の能力のランクはことごとくかさ上げされることになるのだ。

「悪い人」も仕事ができる

「平凡な会社の平凡な人間が、平凡なことを根気よく日々積み重ねていく。これがいちばん強い」

「平凡な人」こそ、幸之助にとってなくてはならない存在だった。

「仮に、10人が10人賢い人ばかりだと、10人ともみんな自分の考えを主張するから議論ばかり多くして、いっこうに事が進まない姿になりかねない。それが賢い人が10人のうち1人か2人で、あとはいわば平凡な人たちならば、その賢い人の意見に従って『まあやってみよう』ということで案外スムーズに事が運ぶということも十分考えられる」

幸之助にしてみれば、「平凡な人」も偉い人であり、たくさんの偉い人同士を結びつけ、掛け合わせることで、集団をうんと偉くするという考え方だった。

私たちは、「人のほうが自分より偉い」という気持ちを自然にもつことができない。しかし、1人ひとり違う個性と可能性をもつ存在として尊重することはできるはずだ。

松下電器の3代目社長・山下俊彦氏が、こんなエピソードを紹介している。

「私がまだ若い頃、上司にちょっと変わった人がいて困ったので、『こんなことでは仕事ができません。私だけでなく社員がみんなダメになります』と（幸之助に）話したことがある。すると彼は、『きみ、人格円満な人を連れてきたからといって、経営がうまくいくもんやない。アレはそういう悪いところもあるけれど、いろいろいいところもあるんや。きみなあ、悪いところばかり見ないで、少しいいところも見ないといかん』と言った」

幸之助にとって、人格と仕事は別で、経営理念さえしっかり守って成果を上げればいいのだ。人格が優等生であっても、人を使えなかったり、物を売ったり、つくったりできなければなんにもならないだろう。

ランクアップする人づかい

幸之助の非凡さは、「平凡な人」にチャンスを与えて向上させた点だ。幸之助は創業からしばらくしてから小学校卒業者のための社員養成所をつくった。しかもその卒業生のうち何人かは、役員までのぼりつめた。

このやり方は、今のパナソニックにも受け継がれており、2万人近い作業者の大多数に対して、「技能技術者」にするために専門工学、一般教養、英語を学習させ、ランクアップさせる。

彼らは、1人で海外製造会社に赴任し、製造技能だけでなく生産技術まで指導して新展開中の世界戦略の尖兵《せんぺい》となっている。

幸之助が小僧だった頃、まわりで働いているのは大人ばかりで、人にたずねて教えてもらう以外、仕事を覚える方法はなかった。学校を出ていないからつまらないプライドもないため、人から教えてもらうことに抵抗がなく、低い姿勢でまわりから学び続ける姿勢が習い性となったのだろう。

この、幸之助の劣等感にも似た気持ちが、経営者となってからもずいぶんプラスに活用されている（その半面、強烈な負けじ魂をもっていただろうが）。

この、いわば〝人使いにおける民主的姿勢〟が、松下電器が発展した大きな原動力の1つであった。

Let's Try!

「悪いヤツ」と思ってもよい面がある。それを生かして悪い面を補う。「凡人」をワンランクアップして非凡に使う。よい面を掛け合わせて集団を非凡にする。

「凡人」が「凡人」を非凡に生かす

「凡人」の人の見方

・みんなが偉く見える
・自分より学問がある、才能がある
・誰もが非常によい考えを出す
・よいところを見る
・かわいいと思える（愛情を感じる）
・「平凡な人」こそ、いなくてはならない

「凡人」の人の扱い方

・敬意を払う　・感謝をする
・チャンスを与える（信頼する）　・向上させる

「凡人」の能力がランクアップ！

もっとほめる、もっと叱る

松下幸之助の思考法

ほめるだけ、叱るだけでは人も集団も成果を上げられない。

✣全力で愛するから全力で叱る

幸之助は「ほめ上手」と言われる。だが、それだけではない。幸之助から「血相変えて……」「青筋立てて……」「給料返せ！」と叱られたという証言は多い。「（占領軍による公職追放がやっと解除されて）自分は今好きな道に打ち込む喜びに満ち満ちている。そのあまり、ときには皆さんの行動について厳しく批判することもあるかもしれない。実際はそこまで気迫がこもっていないと、神ならぬ人間では真剣に仕事ができないのではないかと思う。その間に、人間として鍛えられ仕事の真髄もわかってくるのである。それは使命を思うゆえである。またその人を愛するゆえである。

激烈な態度、真剣さが姿かたちに表れないと、何事も立派に成し遂げることはできない。熱意がこもると言葉の節々に激烈さが加わるかもしれないが、真剣なるものの表れ、愛するのあまりと、よく理解していただきたいものである」

叱りながらほめ、ほめながら叱る

「叱る幸之助」のイメージは、私が接した60代以後の幸之助のイメージとはかなり異なる。松下電器の山下俊彦元社長は、次のように述べている。

「(幸之助は)厳しく叱って鍛えるというより、ほめながら上手に使っていくタイプだと思います。何かが成功したときには、『よかったな、それはよかった』と本当にうれしそうに言ってくれる。その意味では本当にほめ上手なのです」

幸之助本人も、

「ほめるのが5回か6回としたら、叱るのは1回くらいか。もし2回に1回も叱るようなら、第一こちらが疲れてしまいますがな。当人が本当に苦しんでいる場合は、叱ることはない」

と話している。

しかし、その5、6回のうち1回の叱りは確かに続いた。90歳の頃、松下政経塾の塾生に「ばか者！」と机を叩いて叱っている。

また、「叱りながらほめる」ことも、「ほめながら叱る」ことも多かった。

「よくやったな。しかし、ここをこうしたらもっとよくなる」

「今まで何をしていたのか、給料を返せ！　前にあのこともできたきみともあろうものが！」

叱られながらほめられると、反省とヤル気が同時に起こる。**よくほめる人が叱ると骨身に応える、叱る人がよくほめると身に沁みる。**強く叱られても、そのあとほめられるとよけいにうれしい――。

このような心の機微を、あますところなく生かすのが幸之助のやり方だった。

Let's Try!

本人の成長と集団の成果を願って、もっと多くほめ、もう少し多く叱るようにする。

ほめ方、叱り方

叱りながらほめる
みんなの前でケーススタディとして叱る・ほめる
5 回ほめて 1 回叱る

そのあとは……

叱ったあとの気づかいを怠らず、むしろ信頼する
積極的に敗者復活をする

その結果……

「叱る」&「ほめる」が
掛け合わされて相乗効果
厳しい空気ができる
人材が育つ
みんなの参考になる

幸之助的思考

多くほめると、優しさゆえに厳しさが際立つ。叱りながらほめると、反省とやる気が同時に起こる

その気にならせて自分で考えさせる

松下幸之助の思考法

具体的な指示はせず、精神論で「奇跡」を起こさせる。

「天守閣で会議せよ」

幸之助の指示の多くは、具体的なものではなかった。その代わり、心を揺さぶり、深く考えさせられ、強く行動にかきたてられる指示ばかりだった。

創業間もない頃、ラジオの販売に波があり、思うように利益が出ない。そのとき幸之助は、「主力のヒット機種を1年後に半額にせよ」と命じた。技術責任者の目の前に目ざまし時計をぶら下げ、「これほど精巧なものがこの値段でできているではないか。ゼロからやり直せ」と言って、当初「絶対ムリ」と言っていた技術者の心に火をつけた。

また、幸之助は、冬であっても扇風機事業部の赤字を許さず、「年中風ひとすじでやれよ」とだけ言った。同事業部は幸之助の指示を実現すべく、年中売れる商品として一般家庭用換気扇を開発した。

しかし、それまで「排気扇」と呼ばれていたものを「換気扇」と改めてイメージチェンジをはかったものの、食堂の厨房《ちゅうぼう》や煙を出す工場に売れる程度で、とても冬の商売を支えるほどにはならなかった。

思いあまって相談に行った事業部長に、幸之助は不思議なアドバイスをした。

「それは急には売れんだろう。だけど必ず売れる方法はあるはずだ。一度、みんなで大阪城のいちばん高いところで会議をしてみたらどうかね」

事業部長は幸之助の真意をはかりかねたが、とにかく部課長と技術者を集めて天守閣に登ったところ、俄然《がぜん》、知恵が湧き出し、みんな盛り上がったという。

「家にはまだ1台も換気扇がついていない。この1軒1軒から出ている煙も炭酸ガスも、湿気も濁った空気も膨大なはずや。この1軒1軒に換気扇をつけていけば、莫大《ばくだい》な需要になる！」

それを機に、まず公団住宅用の換気扇が開発され、みるみる普及していった。

先述したように、オート・ラジオを20％以上コストダウンするときも、幸之

助は、

「それは、トヨタさんだけでなく、松下電器にとっても日本にとっても必要なことだ。根本的に設計からやり直せ。そうしたら必ずできる！」

と言って、担当者に檄《げき》を飛ばした。

いずれの場合も、決して具体的な内容ではない。精神論といっていいだろう。しかし、彼の話は常に聞き手に具体的に考えさせ、行動を起こさせる。

真のリーダーは心に火をつけて、こまかい指示によってではなく、社員の眼をしっかり本質に向けさせ、自分で考えさせることができなければならない。

指示する場合でも押しつけるのではなく、「こういうことをしようと思うが、どうだろうか」式で、「引き出す」ようなやり方で考えさせ、行動を起こさせることが多かったようだ。まさにコーチングの名人というほかない。

Let's Try!

押しつけたり教えたりせず、心を揺さぶって自分で考えさせてみる。

自分で考えさせるような助言を！

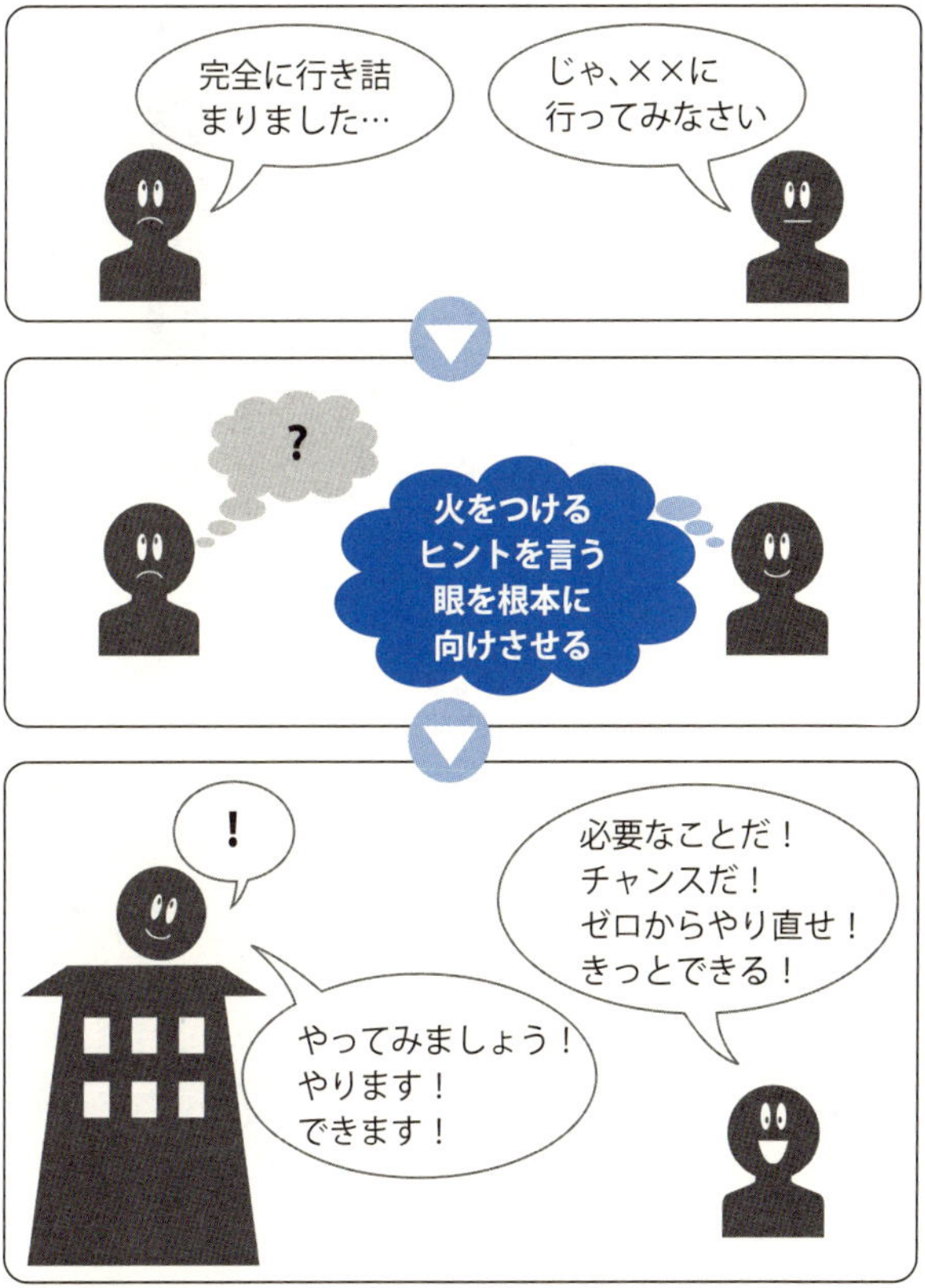
完全に行き詰まりました…
じゃ、××に行ってみなさい
?
火をつける
ヒントを言う
眼を根本に向けさせる
!
必要なことだ！
チャンスだ！
ゼロからやり直せ！
きっとできる！
やってみましょう！
やります！
できます！

あえて異質同士の摩擦を起こさせる

松下幸之助の思考法

「天才」「悪い人」「失敗した人」をそのまま生かして成果を極大にする。

❖天才・異才を見抜いて生かす

個性的すぎるがゆえに周囲と摩擦を起こしがちなすぐれた人材を、幸之助は蔭《かげ》ながらよく庇護《ひご》していた。特に、技術のイノベーションはただ1人の天才の能力によって起こされることを認識していたのだ。

彼は、技術提携したフィリップス社に、「(合弁会社の松下電子工業にとって)どのような技術者が必要だと思うか?」と尋ねたことがある。先方の答えは「物理学者」だった。

そこで幸之助は、同郷で親交も深かった湯川秀樹博士(ノーベル物理学賞受賞)を生んだ、京都大学の物理学科に求人する。当時、理学部・物理学科などは企業とは非常に縁遠い存在だった。しかし、早く就職を決めたかった１人の学生が応募する。この若き物理学の天才は、幸いなことにリーダーシップも兼ね備えていた（この若者は、のちに松下電器の技術担当副社長となる）。

この頃（昭和20年代）の松下電器は、商人精神は旺盛《おうせい》だったが、基礎的技術や高度な研究開発は苦手で、創造的で個性的なホンネ人間の若者を歓迎して自由にさせる風土ではなかった。このすぐれた新入社員が、しばしば周囲と摩擦を起こしたのは当然の成り行きだろう。

温室に入れない

しかし幸之助は、ときどき彼に会い、この30以上歳《とし》の違う若者に敬意を払い、技術について教えを乞《こ》い、彼の仕事に重大な関心を持ち続けた。ただし、後ろ盾であることは示しつつも、直接手を下して彼を「温室」に囲うことはなく、肝心要《かんじんかなめ》のときに力になるという姿勢だった。

たとえば、その物理学の天才が松下電子工業に研究所をつくろうとしたとき、社内の経営陣もフィリップス社も猛反対した。しかしただ幸之助１人が支持し、それが実現することとなった（彼は反対する側のよい面も認め、あえて綱引きさせたようだ）。

結果、この技術者の人間力や顧客指向の技術開発力が磨き抜かれ、彼の傘の下で多様な技術者が活躍することになった。その後、松下電子工業の技術がたくましく育ち、技術提携先のフィリップス社を追い抜く分野が多くなる。

人の短所や失敗を生かす

幸之助が、勇猛果敢だが酒席が好きで喧嘩《けんか》早い人物を、松下電子工業の専務に任命しようとした際、当然のごとくまわりは反対した。

だが幸之助は、次のように言って押し切った。

「あれはそういう悪いところもあるけれど、いいところもある。よく働くものは飯もよく食うんや。飯を食うなと言うと働かなくなるよ」

幸之助の人材活用術の巧みなところは、専務に任命したその人物の上に、銀行出身の物静かな人格者を社長として据えた点である。

ちなみに、この勇猛果敢な専務は、先述の個性と創造性の塊《かたまり》のような物理学者の上司ということになる。

この対極的な2人の人物は、綱引きをして対立しながら互いを手繰《たぐ》り寄せ、松下電器の心臓といえる部門を急速に立ち上げた。2人が同質だったら不可能なことだったろう。2人を結びつけていた幸之助がいたからこそ、能力が掛け合わせることができたのだ。

テレビ部門の業績不振で解任され、本社で不遇をかこっていた事業部長がいた。ほどなく、彼は幸之助から呼び出され、風変わりな敗者復活を遂げた。

「きみほど経営に失敗した男はあまりおらん。だからやってもらうんや。経営のわかる人を育ててや」

彼が任命された仕事とは、本社教育訓練部長だった。あくまでその人自身の経験・個性を生かそうとした幸之助ならではの、逆転の人事といえる。

Let's Try!

天才・異才を発掘しても温室には入れず、摩擦が起きても蔭で守る。人の短所や失敗を生かすことを考える。

教育者となる

松下幸之助の思考法
リーダーはヤル気を起こす条件を整え、教育の達人であるべき。

❖「企業は人なり」という本当の意味

「松下電器は人をつくっています。あわせて商品もつくっています」

幸之助が社員に「松下電器は何をつくっているのか」と尋ねられたときの答えである。

一見、なんの変哲もない回答に聞こえるかもしれない。しかし、そのときの背景を知ると印象はまるでちがってくる。当時の松下電器は技術も資力も足りず、伝統に裏打ちされる信用もなく、頼れるのは〝人〟だけだった。

優秀な人はまちがいなく大企業に流れてしまう。大学卒業者はほとんど来ないため、中学を出たての人材を、他社の10年勤務の人材と競わせなければならなかった。必要に迫られ「社員養成所」をつくって教育を行ない、小学校を出た人材を世間の中等以上にまで育てた。

ところが、そんな松下電器の社員が、他社の高学歴、経験豊富な社員に比べて得意先の評判がきわめてよく、優勢にものをつくり、売っていた。したがって、幸之助の「松下電器は人をつくっている」という言葉は比喩《ひゆ》ではなく、**「企業は人なり」という強い確信があった**のだろう。

幸之助の非凡なところは、まるで手づくりのように「企業は人」という考えを、会社が優秀大企業になって人材に恵まれるようになってからも、ますます強くしていった点である。その人材教育の大きな特徴は、技術やセールスという専門の教育もさることながら、そのベースを強力な人間教育に置いたことだ。

❖人の力を最大限引き出す環境を整える

「自分が電気工事人時代、また、独立してから感じていた仕事に対するやりがい、生きがいを、自社の従業員たちも感じているだろうか？　仕事を通じて人生の幸せを感じているだろうか？」など、全従業員が、自分と同じように熱中しているかを常に気にしていた。幸之助はそのためには、「やりがい、生きがいをもて」と言うだけではなく、仕事に生きがいをもって熱中する環境条件をつくらなければならないことを知っていた。

偉大な教育者でもある幸之助にとって、制度政策や教育研修だけではなく、日常、**社員と接するすべての機会が教育の場**だった。ケースに応じて決して押しつけずに自分の頭で考えさせる、実践的授業法は得意中の得意だった。

次のようなことがあった。幸之助が話す相手は、初期不良で全回収となったコンロの責任者である。

「きみは会社を辞めて、しるこ屋になれ（幸之助ははじめ「しるこ屋」をやろうとしたが夫人に反対された）」「はぁ」「そうしたら、まず明日から何をやるか？」「人気のあるしるこ屋を調べます」「何を調べるのや？」「その店がなぜはやっているのか、具体的につかみます」「次は？」「アズキ、炊く時間と火力、味付けです」「次は？」「……」「きみの奥さんだけでなく、近所のできるだけ多くの人に味見をお願いして、それを参考にして味をつくらないかん。つくったものをまた味見してもらう。これなら、と自信がつくまで繰り返す。値

社員のヤル気を引き出す方法

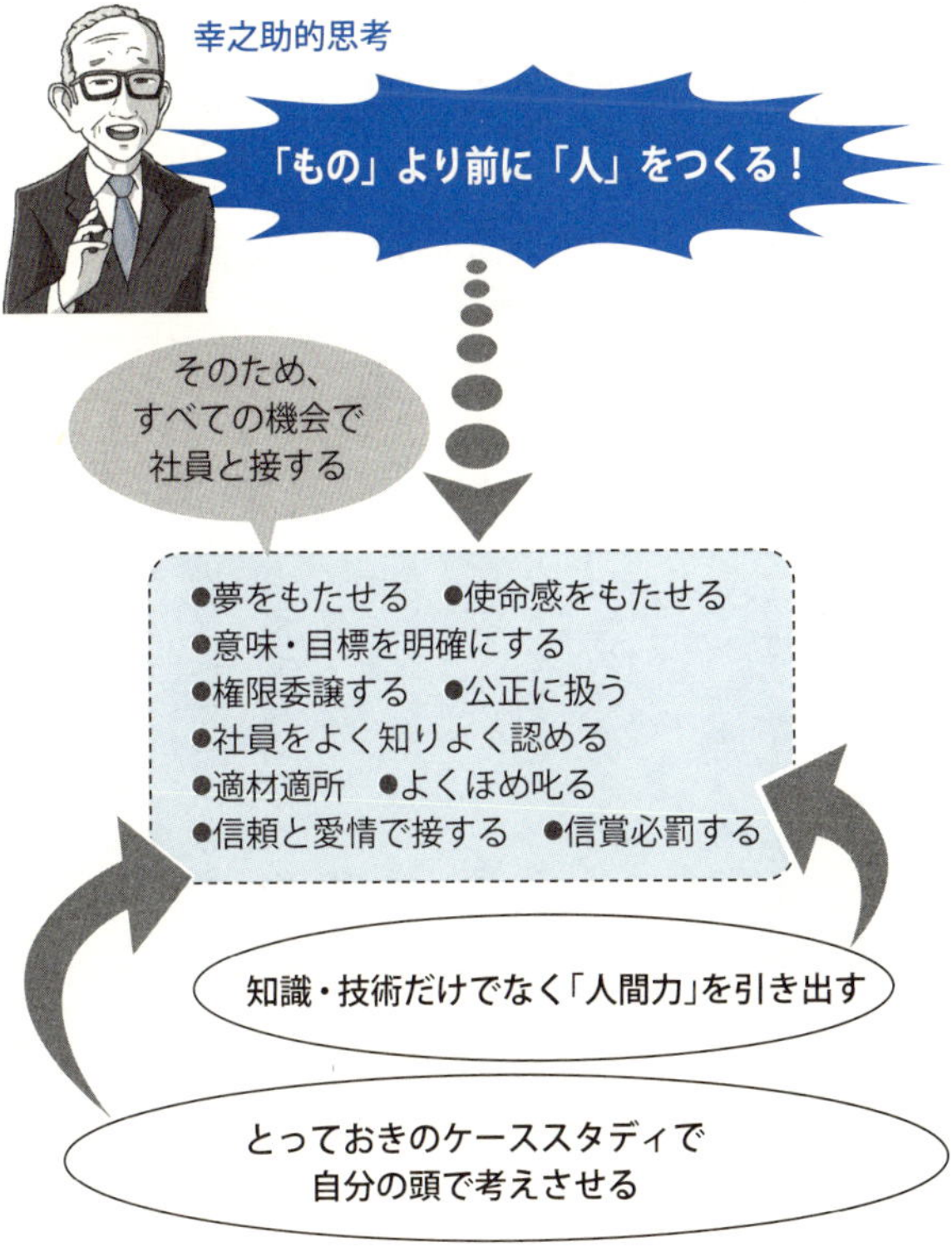
幸之助的思考
「もの」より前に「人」をつくる！
そのため、
すべての機会で
社員と接する
●夢をもたせる　●使命感をもたせる
●意味・目標を明確にする
●権限委譲する　●公正に扱う
●社員をよく知りよく認める
●適材適所　●よくほめ叱る
●信頼と愛情で接する　●信賞必罰する
知識・技術だけでなく「人間力」を引き出す
とっておきのケーススタディで
自分の頭で考えさせる

段はどうするのや?」「ほかの店よりおいしくして、値段は相場にしたいと思います」「うん。次は?」「……」「毎日、決めたとおりにできているかチェックする。それから?」「……」「食べていただいたお客さんに『味はいかがですか』と聞いてみる。あとはさっきの繰り返しや。きみがうまく答えられなかったことを、本当に魂を入れ替えてやり直すなら、もう一度コンロ屋をやってもよい」

これは、ものづくりで失敗した社員に対してしばしば用いられた。筆者もかけだし時代、上司からラーメン屋のシミュレーションをやらされたことがある。

失敗した原因がどこにあったのかを考えさせることによって、同じ轍《てつ》を踏まなくなるとともに、新たな発想に気づくのである。

Let's Try!

押しつけずにあらゆる機会をつかまえてヤル気を起こさせ、自分で考えさせる。

第5章

「経営力」がつく思考法

人間力で経営する

松下幸之助の思考法

経営力は、3つの人間力なしでは血が通わず、力とならない。

✣経営力の源泉

松下電器が急速に成長した要因について、当時の社員たちは、「とにもかくにもしゃにむに働いたから」「何かに向かっての突撃で絶対負けることはなかった」「『結果が出なければどこへでも飛ばして！』と、競って困難な仕事の取り合いをした」「休日も働いているほうが面白かった」といった類《たぐい》の、猛烈な答えをしている。

その〝猛烈さ〟は、ただ命令に勤勉・忠実に働くというのでなく、自ら進んで、力を出し尽くしたくて、という風だった。

社員をそこまで駆り立てたものは、幸之助に際立っていた3つの人間力、

〝義〟〝愛〟〝欲〟であり、それが経営力の源泉であった。

強力なマーケティング力も、マネジメント力も、技術力も、経営者の人間力なしには砂上の楼閣《ろうかく》となる。この3つについてまとめてみよう。

・義(経営理念・ビジョン)

「会社は人々の生活を向上するためにある。利益はその結果だ」という経営理念・使命感が、単なる言葉だけではなく、幸之助がもつ言行一致の感化力によって社員の意識に確実に沁《し》みわたり、その旗印が社員のヤル気の原動力となっていた。

彼の使命感は、事業を超えてPHP運動や松下政経塾など社会活動に広がっていった。

また、そのときどきの夢・目標が明確だったため、使命感という火種を炎にしたといえる。

・愛(人間尊重)

幸之助の、社員に対する信頼や愛情、公正な人使いが、明確なビジョンとともに、全社の一体感を生んだ。それが〝一致団結目標達成力〟をもたらし、タテ——ヨコにわたる連帯意識、競いながら協力する精神を強めた。
彼の愛は、眼の前にいる1人にも注がれた。

・欲（事業欲・エネルギー）

聖人君子のようにただ義がある、愛があるというだけでなく、欲をエネルギーと考えていた幸之助は、義や愛を旺盛《おうせい》な事業欲とからませて行動の原動力としていた。そして、〝欲〟と〝義や愛〟を綱引きさせて、正しい方向に向けるよう懸命に努めていた。

Let's Try!

組織や戦略を考える前に、義と愛と欲—人間力の1つひとつを高めるように努める。

人間力で経営する

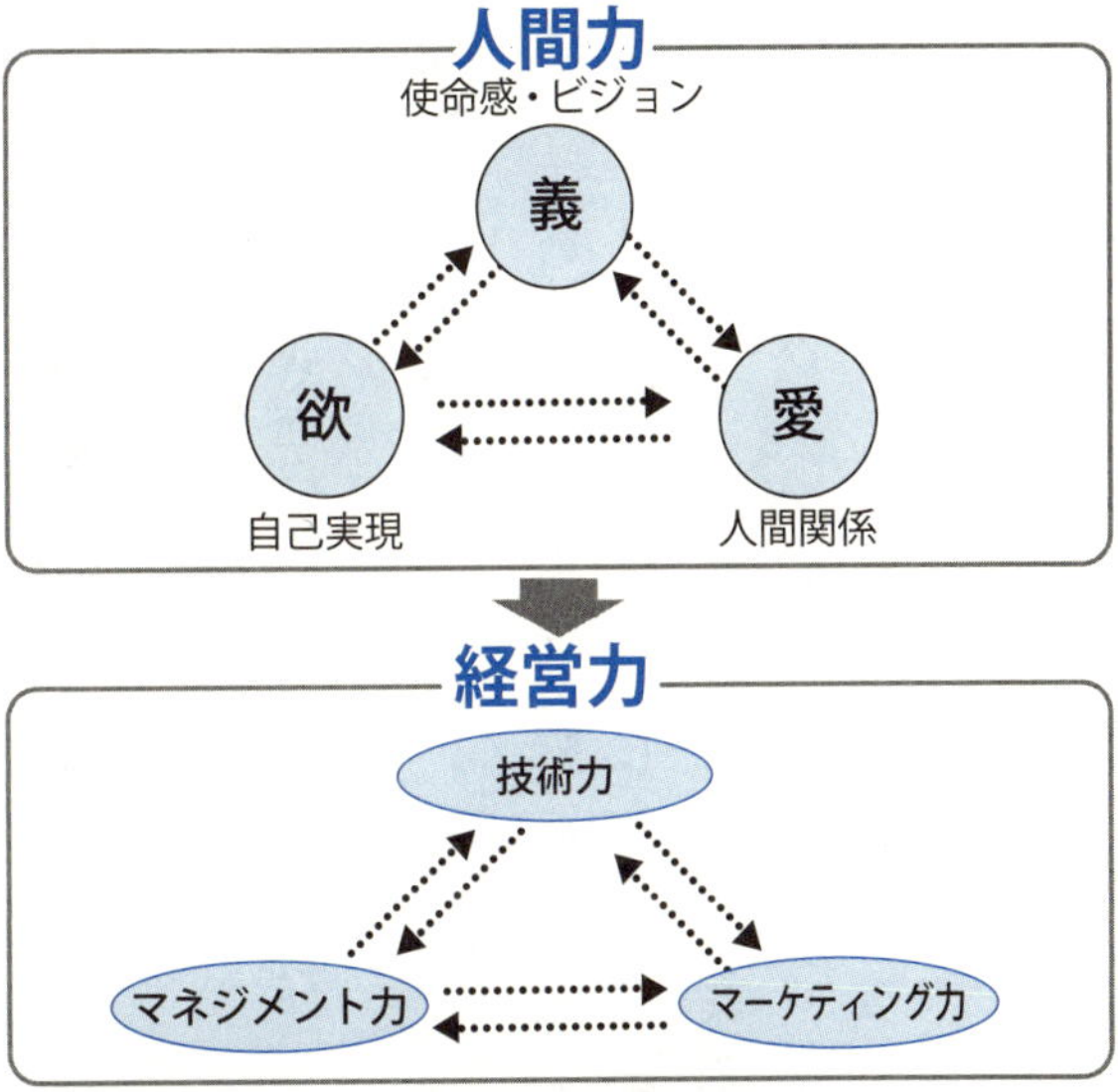

幸之助的思考

経営者の人間力が高まれば経営力も高まっていく

「経営は芸術である」と考える

松下幸之助の思考法

経営ほど厳しく面白く、価値あるものはない。

❖芸術家のような経営者

幸之助の経営の特徴は、「生きざまが会社の経営に影を落としている」ということだ。自らの〝個性〟に深く根差して自らの創造性で経営に励み、しかも大衆の人気という〝普遍性〟を獲得した稀有《けう》な企業家が、幸之助だった。

右の「経営」という言葉を、仮に「芸術」という言葉に置き換えてみると、幸之助は〝売れる芸術家〟だったと思えるのだ。少しオーバーに言うと、ピカソが〝経営〟という絵を描いたようなものである。その理由は、幸之助自身の次の言葉を読むとわかっていただけると思う。

「ふつう、芸術といえば、絵画・彫刻・音楽・文学・演劇などといったものをさし、いわば精神的で高尚なものと考えられている。それに対して事業経営は物的な、いわば俗事という見方をされている。

しかし、画家が描いた絵が単なる絵具でなく画家の個性、魂であるように、企業家は事業の構想を考え、資金と人を集め、工場をつくり製品を開発し生産し販売する。その過程の1つひとつで画家が絵を描くごとく、経営者の精神が生き生きと躍動することによって、経営はまさしく芸術の名にふさわしいものといえる」

❖ 個性を発揮して生きた総合芸術にする

しかも、1つひとつの活動が統合される全体の経営もまた大きな創造で、刻々変化する環境に即応しなければならず、完成というものがない。したがって経営は〝生きた総合芸術〟といえる。

「経営の仕事の高い価値をしっかり認識し、そのような価値ある仕事に携わっている誇りをもち、それに価《あたい》するような最大の努力をしていくことが経営者に求められるのである」

彼の強い自己探求、自己表現はまさにアーティストのそれに酷似している。

本来、1人の人間が事業を創造する以上、また、経営者という1人の人間が100％の最終責任を背負って事業を経営する以上、**その人の個性に根差して「らしさや強み」を発揮することなしに、企業に生命力は出てこない。**これは創業者でなくても同じことである。また、企業はほかにはないものを生み出す創造性なしには、顧客の創造は不可能だ。

幸之助は、

「僕は商売が好きだった」

と述懐しているが、経営にはほかにも、科学、宗教、ゲームのような側面がある。彼にとって経営という仕事は、いくら苦労が多いとはいえ、これほど面白い仕事はなかっただろう。

Let's Try!

ビジネスで自分が何をしたいのか探し出し、あるだけの自分の創造性（アイデア）で表現し、汗をいとわない、売れる〝アーティスト〟となる。

経営は芸術である

経営

事業の構想
資金と人を集める
工場をつくる
製品の開発、
生産、販売

芸術

絵　画
彫　刻
音　楽
文　学
演　劇

共通点

・個性に根差し、創造性を尽くす
・自己探求し、自己表現する
・多くの分野をもつ

幸之助的思考

真の経営者は、個性に根差し、創造性の限りを尽くす。経営は常に変化しなければならないし、完成されることがなく、しかも多くの分野を合わせもつ生きた総合芸術である

自然の法則を取り込む

松下幸之助の思考法

原理原則に気づき、その偉大な力を活用する。

宇宙に潜む偉大な力を利用する

敗戦直後、占領軍による公職追放下にあった1949年に、幸之助は「生成発展」という題で「PHPのことば」を発表している。

その翌年に占領軍による追放が解け、戦後の松下電器の大きな発展が始まったことを考えると、幸之助の経営活動の根幹に、この言葉・思想があったとみてまちがいないだろう。それを要約すると、

「宇宙に存在するすべてのものは、日に新たであり常に生成し発展する。人間は、たえず生成発展する宇宙にひそむ偉大な力を開発し、万物に与えられたそれぞれの本質を生かし、活用することによって、物心一如の繁栄を生み出さね

ばならない」

ということになる。

今日よりも明日がよくなることを望まない人はいないだろう。そのためには、理法に従い、「日に新た」でなければならない。「環境破壊」「世界不況」「経営破綻《はたん》」などは、この理法に背《そむ》いた結果である。

このような理法を幸之助は、私たちが気づいていないだけで、万有引力の法則やピタゴラスの原理のように、宇宙ができたときから存在する、と考えていたようだ。

たとえば、人には成長しようとする傾向がある。人間関係を悪くしようとは誰一人、願ってはいない。**環境条件さえ整えば、みんな力を発揮するのだ。経営も自然の理法にさえ従えば成長発展する。**

こうした確かな思想が、権限委譲や本格的な事業部制、高能率高賃金システムにつながった。

この「生成発展」という理法以外に、幸之助は自然の摂理からヒントを得たり、照合したり検証したりしたことが多い。彼の言葉とその内容を具体的に見てみよう。

「考えてみれば、宇宙のいっさいのものはすべて対立しつつ調和している。月と太陽も対立しているし、男と女も対立している。しかし対立しつつ調和し合って、大自然なり人間社会の秩序というものを形づくっている」

⇩会社と組合のあり方、自由と強制のリーダーシップ、理と情の組み合わせなど。

「どんな仕事であっても、それに集中して極めれば限界がなく、その仕事を中心に無限というほど広がっていくと思う」

⇩「専業を極めて総合メーカーに」という戦略がそうである。これはさらに、「井戸を深く掘り続けて極めると水が湧《わ》き出し、水脈と水脈がつながって溢《あふ》れ出し、汲《く》めども尽きなくなる」

という、自然の摂理と合致している。

❖「当然なすべきこと」をなす

経営の秘訣《ひけつ》を聞かれた幸之助は、次のようなことを答えている。

「強いて言えば、『天地自然の理法』にしたがって仕事をしているだけです。たとえば、100円の原価のものをそれ以上の価格で売るというように、当然なすべきをなすということです。売るだけではいけない。集金しなければならない。これまた当然のことです。『天地自然の理に従った経営』というのは、当然なすべきをなすことに尽きると思います」

1つひとつの考え方・行動が自然の現象と照合していたというわけではない。だが、幸之助は経験と直観、熟考によって、宇宙、人間、社会にひそむ無数の「当然の理」に気づき、実行し、応用することで「宇宙にひそむ偉大な力」を開発し、活用し、大きく成功の道を開いていったのだ。

Let's Try!

宇宙や自然の法則、物事の道理に気づき、その偉大な力を経営やビジネスに取り込む。

経営理念を売る

松下幸之助の思考法

経営理念を商品や行動という形にする。

理念こそ命と考える

普通、会社の「経営理念」というと、ごくごく当たり前のことが額に入っていたり、巻き物になっていたりしていて、自分にはあまり関係ないと思われがちだ。事実、幸之助が定めた松下電器の経営理念は明文化されたものとしては「綱領」としての、

「産業人たるの本分に徹し、社会生活の改善と向上を図り、世界文化の進展に寄与せんことを期す」

のほかに、同じくらいの長さの「信条」、それに「七精神」があるくらいで、いたって簡潔である。それは、組織や政策の改革の妨げにならないようにとい

う配慮かと思わせるほどだ。

もっともそれ以外の「利益は報酬」「自主責任経営」「衆知を集める」など、幸之助が言行一致で示したものも、広い意味の経営理念にはちがいない。

「私は60年にわたって事業経営に携わってきた。そしてその体験を通じて感じるのは、経営理念というものの大切さである」

働くにせよ経営するにせよ、また、生きるにせよ、**大きく発展するには「なんのために」という哲学が必要**である。それを意識しない人も多いが、幸之助の場合、この哲学・経営理念こそ、「三度のめし」以上に生命にかかわるものだった。

商品を売る前に理念を売る

彼にとって、**経営理念は人生哲学と重なり、掲げるだけ、目標であるだけでなく、あらゆる行動を起こすスタートライン、行動そのものだった。**

「お客を大喜びさせる商品になっているか」「従業員を生かしているか」「経営努力は十分か」「商品不良を起こしたときにどのように行動すべきなのか」「商

売以外のマネーゲームで稼いでよいのか」「学歴差別をしていないか」

理念は、今の今なくてはならない、そのときの実態や行動が正しいかどうかの物差しにもなり、正しくない場合は改革の目標であるとともに起点となった。自分だけでなく社員の行動になっていなければならなかった。

幸之助はよくセールスマンに言った。

「商品を売る前に経営理念を売れ」

それは「1つひとつのモノがよくなければならないのはもちろんだが、会社の基本方針や行き方、考え方を得意先に知ってもらって、ココロを通じることのほうがもっと大切だ」という意味である。

幸之助にとって、**売る商品、行なうサービスの1つひとつが、経営理念が形になったもの**でなければならなかったのだ。

❖顧客第一主義が矛盾を両立させる

責任者クラスを多数集めた会合で、幸之助が次のように述べたことがある。

「松下電器の経営基本方針を批判したり、それを遅れていると言ったりすることは、断じて許されない。そういう人は潔く松下を去るべきであると思います」

それは意見の対立ではない。その理念が、時代と地域を超えて考え抜いた普遍の真理に根ざすものであるなら、それを放置することは経営者の職務の怠慢、存在価値を問われて当然だろう。

価格と品質、サービスとコスト、創造と効率……ビジネスは二律背反に満ちている。この両極を両立させることができるかどうかは、「顧客第一」の経営理念をどれだけ強くもっているかによって決まる。

２０００年代初年、当時の中村邦夫社長は、幸之助が創った事業部制などすべて破壊の対象とする改革を起こした。それは、創業の理念を守るために「経営理念以外」のすべてが対象だった。

Let's Try!

自社の経営理念を強く意識して行動してみる。そのとおりでないことがあれば改革を企てる。お得意先に経営理念を具体的な形で説明する。

変わり続ける

松下幸之助の思考法

発展するためには、不変なものをもちつつ変わり続ける。

❖革新しながら発展し続ける

幸之助が自分でも実行し、まわりに訴えていたキーワードのなかでも双璧《そうへき》なのが、「素直な心」と「日に新た」である。

「僕はね、本当は、この世にあるすべてのものは、絶えず動き、絶えず変わりつつあると思うのですよ。古いものが滅び、新しいものが次々生まれてくる。だからわれわれも本来、日に新たでなければならないと思うのですね」

幸之助の哲学の根底に、「生成発展」という理念が流れていた。

「生成発展とは日に新たということであります。古きものが滅び新しきものが生まれるということです。これは自然の理法であって、お互いに日に新たに、絶えざる創意と工夫とによって、これを生成発展の道に生かしていかねばなりません」

世の中は、技術も文化も確かに進歩しており、その流れに従っての努力が必要だというのである。事実、幸之助の松下電器は変わり続けた。

企業経営は「ゴーイングコンサーン（永続的企業）」といわれるとおり、同じ「生き物」であっても、人間には寿命があるが、企業には（少なくとも理論上は）、適応と革新を続ける限り生成発展できるというロマンがある。

君子豹変する

幸之助は禅僧と問答した折、

「（禅僧に）『松下電器も当然消滅する』と言われて面白かった。あんまり腹が立たなかった」

と言ったが、幸之助自身、「過去の松下電器が消滅して、新しい松下電器が生まれる」くらいの変化が繰り返されなければならないと考えていたと思われる。

そのためには人も入れ替わって当然だろう。**日に新たになることによって永**

遠に生き続けるのだ。

幸之助は晩年、言葉少なにこのように言うのが常であった。

「頼むから、松下電器の経営理念を語りついでくれよ」

「経営理念というのは、自然の摂理、社会の理法にかなったものなら地域をちがえても、どんな時代にあっても、地域や時代によってたとえ具体的な適用はちがっても、その基本において永遠不変と言っていいと思う」

さらに、幸之助に、「昨日言った件だが、あれはやめてこうしよう」と言われた幹部が、「こう朝令暮改されたのではたまりません」とこぼすと、「きみ、君子豹変《ひょうへん》ということがあるだろう」と応じられたという話は1つや2つではない。相談役に退いてからも、幹部に会うたびに言い続けている。

「新しい松下をつくらなあかんがな」

❖正しい理念があればこそ創造的破壊もできる

さらに幸之助は、「歴史」や「人情」、「縁」「勤勉」「忍耐」などは、かたくなに尊重した。「不易と流行」という言葉どおり、基本・原点は人一倍守り抜

不変なものをもちつつ、変わり続ける

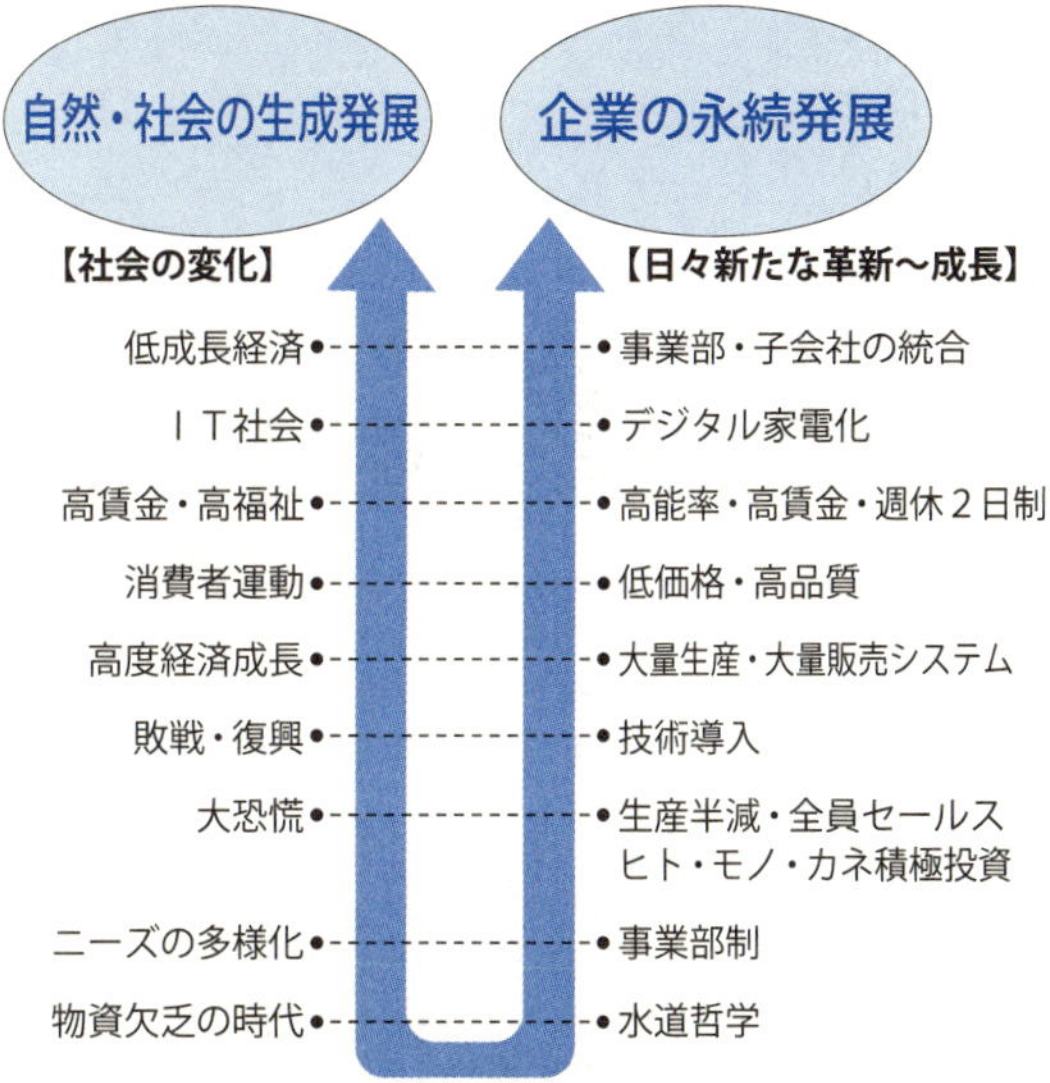

幸之助的思考

企業も自分も正しい理念を守りながら、日々新たに１歩先んじて生まれ変わらなければ、存続し、発展することはできない

き、**変化に対しては人一倍自由奔放、変幻自在に対応する**姿が鮮明に浮かび上がる。

その意味では、彼が残した経営理念は、後継者たちの改革の妨げにならぬよう、むしろ改革の目的になるよう、最もシンプルで深遠なものだった。幸之助にとっては、「日々新たな変化」ということ自体、「守るべき不変の事柄」だったといえる。

平成10年代はじめ、危機に陥った松下電器をV字回復させた中村邦夫社長（当時）の「理念を守るために手段、方法を変える」「経営理念以外聖域なし」、そして「これ以上進めると壊れてしまう」と言ったほどの「破壊」も、まさに幸之助のDNAといえるだろう。

Let's Try!

変えてはならないものをしっかり守りながら、まわりの変化を察知する。これまでのやり方を否定してみて、1歩先んじて新しくなる。

衆知を集める

松下幸之助の思考法

たとえ自分が正しいと思っても、衆知を集めなければいけない。

聞いて熟慮し、道理に照らす

１９７３年、幸之助が78歳で会長から相談役に退いたとき、責任者クラスの社員約１０００人を集め、事業を始めた当時のことを語った。

「自分が、電気工事人のとき、ソケットの商品アイデアがあるだけで独立してしまって、練り物の調合法、価格のつけ方、商品の販路や売り方などほとんど知らない状態であった。それを販売店や練り物工場にいた人たちに頭を下げて聞いて回って、なんとか営業にこぎつけた。発明考案すると、直《ただ》ちに自分で得意先に持ち回り、批判してもらう。

つくづく、世の中はありがたいものだと思った。商売というものは、相手にとけ込んで教えてもらうと、やり方によれば楽なものである。私には、その頃の何も知らずして商売ができたという気持ちが、今も心の底に根をおろしている」

「聞くこと」から商売を始めた幸之助は、以後、それをずっと続け、**商人や経営者の最も基本的な姿勢を「聞く」とした**のである。なるだけ多くの人の知恵（衆知）を集め、判断材料にするのが、幸之助の特徴だった。

何か事を打ち出そうというとき、幸之助は自分の考えは白紙のまま、たくさんの人から意見を聞き、熟慮する。そしてなんらかの自分の意見をもち、次に反対しそうな人の意見を聞く。そのうえでさらに熟慮する。このプロセスは1回とは限らず、自分が本当に納得できるまで続けることもあった。「小心」と言えるほどにも慎重だが、熟慮に熟慮を重ね、道理に照らし合わせて1人で出した決断は、誰から反対されても動じることのない、圧倒的な迫力をもった。

❖ 衆知を集め合う

「たとえ偉人、賢人が過ちなく判断して事を運んでも、衆知を集めない経営はいけない」

と考えていた幸之助は、その理由を、①人々の意見や情報が十分集まらない、②部下は命令ばかりで動かされているとヤル気や考える力を失う、③部下が現場で臨機応変の迅速《じんそく》な対応ができないから、であるとしていた。

また、上司が部下の衆知を集めて決断するだけではなく、部下同士が互いに衆知を集め合うことの大切さを強く説いている。

「10人の精鋭技術者の会社の研究開発が、数百人のこれまた優秀な技術者をもつところを負かしてしまう例をたくさん知っている。それは10人の技術者のほうが、互いに衆知を集めているからだ。そういう『衆知の芯《しん》』をもつ経営は強い」

「ことあるごとに衆知を集めるというだけではいけない。日常、衆知が集まりやすくなっていて、経営者の刻々の判断の中にすでに衆知が生きていなければならない」

「責任者が絶えず部下の考えを引き出すという態度をとらなければならない。課長にも部長にもなんでも言える、そういう空気は課内に、部内に、会社全体に醸成されていなければならない」

衆知を集めるのに、これだけ心を砕いていたのである。ワンマンという一般のイメージが強い幸之助だが、彼ほど衆知にこだわった経営者も珍しいだろう。

自分の考えたことを徹底して行なう幸之助は、反対者、それも一般人の衆知を受け容《い》れようとしたこともあった。

１９３２年の新聞に、「家庭電化に関する需要者に批判と希望を聞く」という懸賞文を募集し、その内容を公表し、わざわざ批判をもオープンにしたのだ。

「聞く」ことから商売を始めた幸之助だが、その姿勢は終生貫かれた。

Let's Try!

自分が正しいと思っても、さまざまな意見を聞いてみる。反対しそうな人の意見にも耳を傾け、決めるときは熟慮して1人で判断する。

衆知を集める！

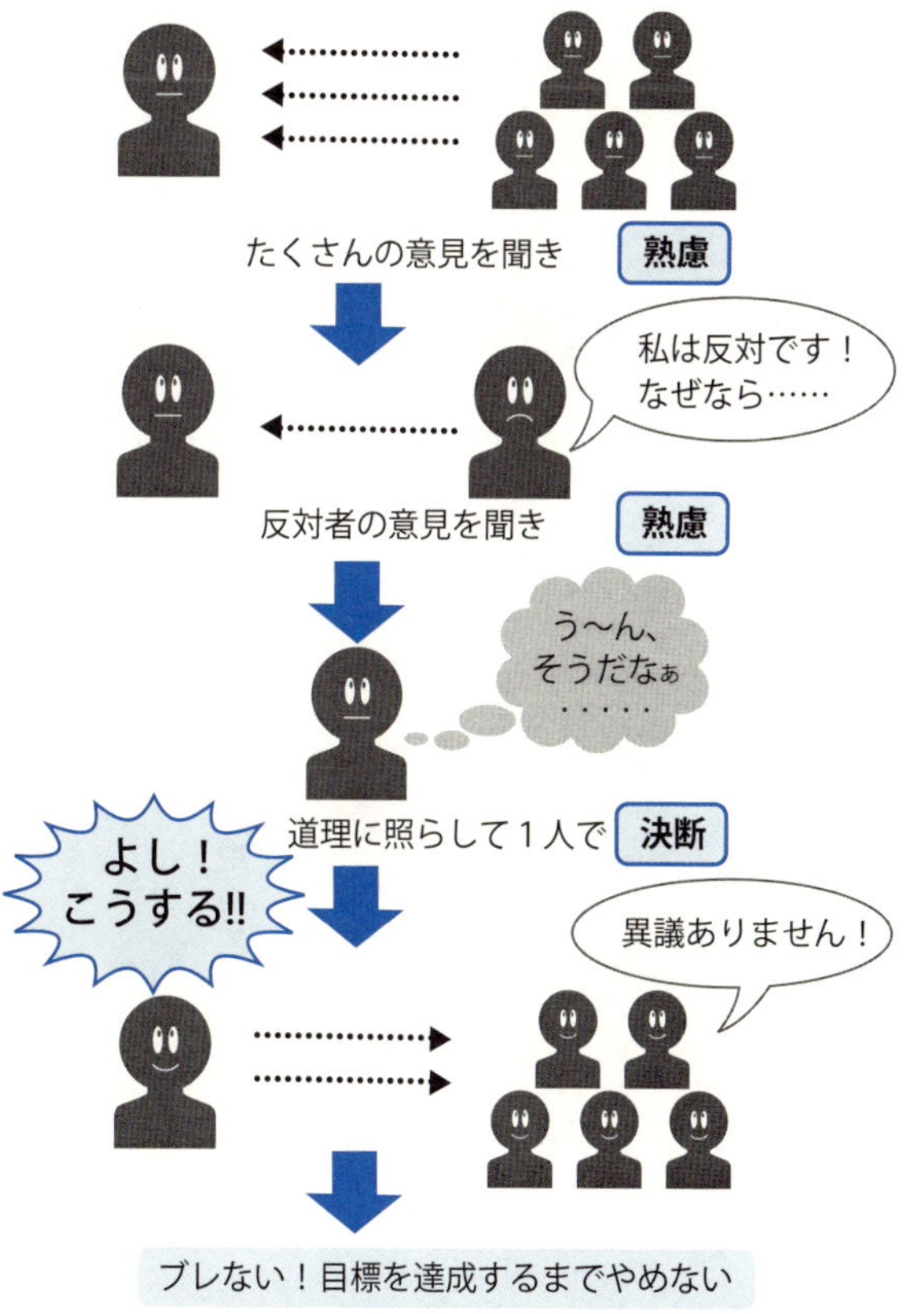
たくさんの意見を聞き
熟慮
私は反対です！
なぜなら……
反対者の意見を聞き
熟慮
う〜ん、
そうだなぁ
・・・・・
道理に照らして１人で
決断
よし！
こうする!!
異議ありません！
ブレない！目標を達成するまでやめない

知恵を無限に引き出す

松下幸之助の思考法

問題は粉々にして、衆知を集めれば、知恵は尽きることがない。

✣小局にも強さを発揮する

アメリカでのあるパーティーで、幸之助がラジオ事業部が開発した、パナペットという7980円で当初5万台を生産目標としていた商品を、自ら1人ひとりに手渡した。その場で音がクリアに流れたため拍手が起こったという。その反応を見てとった彼は、帰国してから担当者に、

「半値にすれば100万台買ってやろう」

と話をもちかけた。「それだけ売れることを保証する」という意味である。

はじめはまさかと聞き流していたラジオ事業部だが、幸之助がその1週間後に、「まだか」と言って訪ねてきたのである。そこに居合わせた私の親しい先

輩（当時、商品企画課長）に詳しく聞いたのだが、幸之助はラジオをその場で粉々に解体させたという。

こまごました100点ほどある部品をすべて机の上に並べ、「この部品の価格は？　取り付けアングルは？　プレスの工程数は？　販路は？」など、矢継《やつぎ》早《ばや》に質問を浴びせ、「工程数はもっと減らせるんやないか」などと迫ったそうだ。

晩年、主として精神論が多かった幸之助には珍しい行動である。

そして最後に、「どこまでできるんや？」と尋ねたという。

幹部たちは、初めて見る幸之助の大局だけでなく小局にも強い姿に圧倒されながら、幸之助の前で知恵を出し合い、汗をかきながらもなんとか「半値」でいけそうだと実感した。

粉々にして出し合う知恵は無限

外からラジオ全体を眺めてあれこれ言っていても、そこには本質はない。

「神は細部に宿る」というが、物事の核は部品や素材という細部とその結びつ

きに潜んでいる。こまかく深く究《きわ》めたものをつないでいくというやり方こそ、幸之助の流儀だった。

ようやく半値で実現できそうだと結論したラジオ事業部の幹部たちに、幸之助は最後に、「あとはみんなで考えよ」と言ったという。この言葉も意味の深いものだった。

ようやく本気になったラジオ事業部は、バラされた部品をボードに貼り付け、この「実物設計図」を中心に全社員が知恵を出し合い、もともと5万台だった企画台数を20倍にするため、設計、部品点数、生産工程・マーケティングを大改革した。

そして、3980円という、従来のラジオの半値以下の価格で世界同時発売し、ラジオの単機種としては空前の、200万台という輝かしい販売記録を打ち立てた。

「イタコナ」式で知恵があふれ出る

担当者1人ひとりが「素材と部品という『本』から問い直した」ため、知恵

知恵を無限に引き出す方法

商品を部品や材料までバラバラにする

↓

その1つひとつについて、現場でコストダウンなどの知恵を絞る（源流遡及）

↓

それらの知恵を集め、工法・設計にいたるまでみんなで知恵を出し合う（衆知を集める）

↓

知恵が枯渇することはありえず、盲点も残らない

幸之助的思考

難問に取り組む場合、対象をこまかくバラバラにして源流に遡り、知恵を絞ってもちよって、衆知を集めることで知恵は無限に湧いてくる

は源流の泉のように尽きることがない。「他の領域までつなげて互いに『衆知』を集め合う」から、さらに知恵は広く深まり、枯渇することなどありえない。それを「全体いっせい」に行なうのだから盲点もありえない。

幸之助が示したこの手法は、今も「イタ（板）コナ（粉）」（商品を板と粉にバラす）と呼ばれ、トヨタの「カンバン方式」と並ぶ、パナソニックの仕事のノウハウとして世間に浸透し、ものづくりの限界を破っているのである。

Let's Try!

難問に取りかかるとき、対象を細かくバラバラにしてそれぞれに知恵を絞り、それらを持ち寄ってみんなで衆知を集め、知恵を無限に引き出す。

「自分らしさ」にこだわる

松下幸之助の思考法

自分の「らしさ・強み」を究めて未来を切り開く。

✣自分と合わないものはやらない

幸之助が大型コンピュータの分野から撤退したあとも、松下電器はIBMにOEM(製造元とは異なる企業で売られる製品)のパソコンの納入をはじめ、業務用としてのワークステーションのビジネスに参入した。

しかし、これらのビジネスは松下電器のDNAが受け入れなかったのか、時の潮目に乗らなかったのか、思わしい成績ではなかった。興味深いことに、これらの商品の説明を聞く幸之助に、いつもの「こらええな」というような反応はなかったという。

大型コンピュータの撤退から10年ほど経《た》ってから、幸之助は複数のLSI

（大規模集積回路）が1つのチップに組み込まれた、品質が飛躍的に向上し、コストも抑えられたラジオを見せられた。そのチップを手にしたときの喜び方は尋常ではなく、

「こらええな！　よくぞやった！　ぜひともラジオ以外でも大いに活用するようにもっていきなさい。僕がその部品をテレフンケン（ドイツの電機メーカー）などに紹介してやる」

と、興奮気味に目をきらきら輝かせたという。デジタル家電の時代となる約30年前、世界で初めて誕生した、「システムＬＳＩ」を幸之助が見たときの情景だ。「自分にふさわしい」デジタルテレビやＢＤ（ブルーレイ・ディスク）レコーダーで優位に立つパナソニックの技術の、「亀」の歩みはここから始まった。

大型コンピュータ撤退の際、幸之助はこう述べている。

「自分らしい商品ではない、突飛なものは必要ない。無理はしない。平凡な会社の平凡な人間が、平凡なことを根気よく日々積み重ねていく。大成しなくてもある程度やっていける。これでよいのです。これが一番強い」

自分らしさを究める

チップを見せた松下電器の技術部隊の精鋭は、回り道の死闘を続けた挙句、ようやく家電の家に戻った。そして迷うことなくデジタル技術のプラットホームを組み、ケータイやデジタルテレビ、ＤＶＤの研究開発に全力を傾注した。

幸之助が大型コンピュータ分野から撤退していなかったら、たどりつかなかったかもしれない。企業という〝生き物〟を含め、生きとし生けるものは、自分らしく生きるとき最も生き生きと輝く。

それから30年後、パソコンが大型のコンピュータにとって代わり、デジタル家電の時代が花開いた。**自分らしくあるということが、どのような予測よりも、未来を最も確実なものにしてくれる**のだ。この、「自分らしさ・強み」を磨き抜き、深く広く展開していくのが幸之助のビジネスの奥義だった。

Let's Try!

儲かるかどうかだけでなく、自分にふさわしいかどうかを考え、自分を究めていく。

不況と危機を活用する

松下幸之助の思考法

危機は乗り切るだけでなく、活用し、逆転する。

❖乗り切るだけではもったいない

自分でも認めていたように、神経質で心配性だから、世の中が好況で会社が最も好調なときに、「このままではダメになる」と警鐘を打ち鳴らし、心底心配した。

大勢の人から情報と意見を集め、鋭く現状の問題点に気づき、誰よりも真剣に対策を熟考した。**不況や危機は乗り切るだけではもったいない、このときにしかできないことがある**と考えた。

まず自分にもまわりにも緊張感があれば力が引き出される、危機には問題点が露呈する、まわりの環境が変化する、これを活用しないともったいないと意識的に考え、対策だけではなく活用策を懸命に考えるのだ。

不況時にしかできないことがある

昭和の初めの世界大恐慌の折、病床にあった幸之助は、人員整理という幹部の提案に耳を傾けながらもそれは行なわず、「生産半減、半日は全員セールス活動」という奇手を考え出す。

経営危機の中で、リストラされなかった従業員の高い士気による在庫完売という結果によって幸之助が得たものは、不況を乗り切るということをはるかに超えた、未来への「開運」と言ってよいほどのものだった。

「窮すれば通じる」という経営に対する自信、「うちの大将は偉い」という信頼、「あの会社は並みでない」という世間の信用、それに「一致団結危機逆転力」が風土となった。

幸之助は大恐慌の「活用策」として、次々と手を打っている。

・新事業進出（自動車や住宅産業は生まれていなかった当時、けっこう金額の張る産業、ラジオ）

・M&A（ラジオ・乾電池メーカー）
・M&Aの相手から経営者、他社で人員整理された技術者をスカウト
・特許の買い取り
・本社・工場用地の買収と建設
・従業員教育（セールス体験）

そして特筆すべきは、幸之助は、不況や危機のときに「企業は、なんのために存在するのか?」「どのようにあるべきか?」について開眼し、自らの使命に目覚め、「企業は社会の公器」「水道哲学」という経営理念を生み出していることである。

❖不況と危機なしに発展はない

有事のときだけではない。松下電器が売り上げと利益の記録更新を続けていたときでさえも、幸之助ただ1人が販売会社、販売店の経営に危険信号を感じた。

また、前述のとおり全国の代理店社長会議を招集した際もそうである。代理

店社長たちの、激しい苦情混じりの厳しい実態をすべて聞き終えて、抜本的な先手を打ち大量生産時代に対応する経営システム・流通政策を確立したのである。

さらに二重価格問題で松下電器商品不買運動が起こり、販売が激減したときも、外圧を活用して二重価格をなくす低価格の魅力商品を連発し、それ以前よりもシェアを広げた。

幸之助の松下電器の発展は、不況と危機なくしてはありえなかった。

Let's Try!

不況と危機に際して対策するだけでなく、このときにしかできないことを考え出して実行し、活用して逆転する。

予知能力をもつ

松下幸之助の思考法

先見して先手を打てない人は、指導者になってはいけない。

✣先見したことは実現させる

幸之助の〝予知能力〟は頻繁に発揮されたが、いずれも数字やデータによるものではなかった。そして、**先見を単に予測に終わらせず、確実に自らの手で実現する**という点で際立っていた。

昭和恐慌のただなか、まったく技術のなかったラジオに挑戦して基盤を固めたかと思うと、その直後の1934年には小型モーターに進出する。

その発表の際、新聞記者の「重電の領域を、しかも大阪で始めるのはムリではないか?」という質問に、

「確かに、モーターは工場では動いていても家庭ではほとんど動いていない。

しかし、将来は10台以上動く時代が必ず来る。この有望な商品を始めないわけにはいきません」

と答えている。視点はあくまで家庭にあった。自分の事業分野を家電に集中させ、家庭の電化生活がどのようになるのか、どのようにすることができるのか――日夜、誰よりも真剣に考えていた幸之助に神通力が働いて、20年、30年あとのイメージが湧いても不思議ではなかった。今は家庭で回っているモーターは20～30台くらいとなっている。

「先見」を「目標」として活用する

戦後、欧米を必死で追う日本で、幸之助は１９５６年の「５カ年計画」、１９６０年の「週休２日制」、１９６７年の「欧米並み賃金」など、社会の流れを見通して実現していった。

この場合の幸之助の流儀の特徴は、ただ単に予見するだけではなく、それを具体目標にして積極的に活用したことである。

「週休２日制」にせよ「欧米並み賃金」にせよ、５カ年計画で「高福祉」だけでなくひたすら業務「高能率」を推進した。そのために週休2日制はその5年後、他社は不況による「操業短縮」として取り組んだが、松下電器は「週休2日制」という前向きの形をとれたのである。

「先見性をもてない人は指導者としての資格がない。先見性を備えていないと、ああでもないこうでもないと考え込んだあげくギリギリまで決着を延ばすことになる。しかし先見性があれば次々と先手を打つことができる。ではどうすれば身に備わるのかというと大義名分をもつことです。これがあればどう行動すればよいか自《おの》ずと解答が出ます」

幸之助の決断で臨時工数人を全員正社員に登用した結果、その後の人手不足を免れたのもその頃だった。

❖日本と世界について的中した予言

幸之助の驚くべき先見性は、政治や世界にも向けられていた。次に挙げるものはすでに的中済みのもの、あるいは今まさに直面しているものばかりである。

「日本は資源がなくても知恵があり、島国だから輸出も輸入もしやすい」「観

予知能力をもつ

予知する

- ●大義名分をもつ
- ●経験による勘
- ●自分にふさわしいか
- ●心配性
- ●感受性と直感
- ●ナマの情報収集

↓

具体目標にして推進する

- ●先手を打つ
- ●早い変わり身
- ●着実な積み上げ

↓

ことごとく実現！

幸之助の予見…

■週休２日制・欧米並み賃金：	実現の５年前
■家庭電化時代の到来：	実現の40年前
■大幅財政赤字：	約40年前
■未曾有の就職難：	約40年前
■アジア中心の時代：	約50年前
■地方主権の時代：	約50年前
■観光立国の提唱：	約70年前

光立国に努めよ」（以上、70年ほど前）
「今にアジアが世界の中心になる」「中央集権から地方分権へ転換せよ」（以上、50年ほど前）
「政治がこのままだと深刻な赤字となる。黒字を運用し『無税国家にせよ』」（40年ほど前）
「このままいくと未曾有《みぞう》の就職難と雇用不安が続くこととなる。教育を知識偏重から技能重点にシフトせよ」（40年ほど前）
国の将来について心配し、揺るぎない大義名分をもっていたからこそ、卓越した先見性が発揮できた。

Let's Try!

数字やデータだけを頼りにしない予知能力を磨き、先見したことを具体目標にして先手を打つ。

現場から離れない

松下幸之助の思考法

常に現場に身を置き、五感六感を働かせる。

❖現場で体験する

大きな長期戦略を構想した幸之助だが、同時に現場の細事にこだわった。

10代の頃から現場の真《ま》っただ中で育った彼には、現場で見たり聞いたり試したりする習慣が体に染みついていた。そして、人間や社会、それに商売の酸いも甘いも味わい、裏も表も知り尽くして育《はぐく》んだ幸之助の五感六感の現場での感じ方は、余人と違っていた。

大阪万博の松下館でわざわざ下駄を取り寄せ、歩いて入口の傾斜の安全を確かめることまでした。また、開館して早々、事務所のテレビを見ていた松下館の館長は、画面の見学者の行列のなかに映し出された幸之助を見つけ、びっくりして飛んで行くと、次のように答えて並び続けたという。

「何分くらい並んでいただいているのか計ってるんや」

それがきっかけで、館長が「やむをえないこと」としていた観客誘導法に改善が加えられた。暑さをしのぐための野立用の大日傘の導入、日よけの紙帽子の配布がされるようになったのだ。このような対策は、実際に幸之助が現場に顔を出し、行列に並んでその痛みを味わったからこそアイデアが生まれ、実行されたものである。

✣ 体感と経験によって直観する

自分の眼で確かめ、自分の頭で考え、自分の言葉で語るのが幸之助流であった。自らの言行一致と事例で示しながら、「スタッフや本社の陥りやすい、現場を離れたデスクワーク」を強烈な迫力で戒め続けた。

社長時代は、商品の初期不良には必ず当該《とうがい》事業部に駆けつけた。それは責任を追及するためにではなく、自らその不良を体験するためだった。

新製品の自転車には試乗しなければ気がすまず、82歳のときもまわりがハラハラするのを尻目《しりめ》に、自転車にまたがった。新製品の説明を聞き終わってから、「私のところへ一晩置いていけ」と言うことも珍しくなかった。

幸之助が〝裸の王様〟にならなかったのは、〝組織〟というゆがみやすいフィルターを通さずに、世の中のあらゆる情報に直接接し、そのときの〝体感〟をもとに、経験による〝直観〟で現事、現物を見て、〝お世辞〟や〝つくろったよい話〟を即見破ったからだ。

松下電器の新入社員は、系列電器店で泊まり込みで長期間の実習をしたり、管理職は昇格前後にもう一度電器店で実習を行なうのが慣行だった。

この、一見ムダと思えることが、商品の設計やマーケティングの企画をする際に必ず生きてきた。これらは幸之助の発想から行なわれていたものだった。

Let's Try!

現場を見るだけでなく、現場で体験して、自らの知恵と力を引き出す。幹部やスタッフに現場から遊離してはならないことを行動で示す。

中小企業の強みを生かす

松下幸之助の思考法

商売は規模ではない。中小企業のままでも大きくなれる。

❖100人で1万人に勝つ

私が四国・松山の販売責任者の頃、幸之助がやってきたのを車で出迎え、同乗したのだが、この地方都市に家電量販店が進出している姿に驚いたようだった。

そのとき、つぶやくように言った幸之助の言葉を鮮明に覚えている。

「本当は、街の電器屋さんがお客さんにとっていちばん便利なんや。街の電器屋さんがいちばん効率がよいはずなんや」

街の電器店がいちばんお客に近く、技術も確かで、売る量が少なくても余分な費用がかからず、少数精鋭で機動性があると考えていた。

そのような幸之助であるから、松下電器を単なる「大企業、総合メーカー」にしようとは考えていなかった。

理想のイメージは「中小企業の連邦」、つまり**中小企業の長所をもったままで結びつき、大きい企業のよさを兼ね備えている**というものだった。

「中小企業は経営者が一生懸命やれば全員同じように必ず一生懸命やりますよ。だから100の力を持っている人を300に使うことができる。大企業は素質のよい社員を集めてもその働きというものは70%くらいまでしかいかない」

「私が100人前後使っているときに、同業の1万人の会社に、必ず勝つということでやっていました。うちは、なんでも明日からでもできる。大会社はそうはいかん。それだけでも勝つ」

各人が専門に徹して、高密度でつながる

ほかにも、幸之助は自身の人間観と経営観に基づいた中小企業のよい点を挙げている。

「人は全部同じ人ではない。各自を満足せしめるという点から考えると、職種

を増やさなければならない」

中小企業が専業に徹すれば徹するだけ、1人ひとりの仕事がこまかく分かれて種類が無限に増える。各々《おのおの》がその仕事に集中すればするだけ、どこにも負けない能力が磨かれる。しかもその1つひとつの仕事は濃い密度でつながる、という道理である。

たとえば、小学生の頃から工作が好きで、小さなモーターを利用したものをつくっては壊し、壊してはつくっていた少年がいたとしよう。工業高校や大学へ行っても、一心にモーターに関するものづくりを続けた。

彼のように「一生モーターに専念したい」というような、非常に専門分野が偏っている人物を採用したいのは、やはりモーター専業の企業だろう。彼も小型モーターに関することなら、どんな仕事にも打ち込むだろう（ちなみに「彼」は実在し、パナソニックの小型モーター担当部門で「電気科学技術奨励賞」を受賞した）。

「世間には、小企業でありながら一品をもって世界に雄飛しているところもある。そして、その企業には、一つの仕事で世界一の職人が必ずいるはずである」

幸之助が挙げた中小企業「10の強み」

1. 個々の能力を最大限に発揮させる
2. 専業ゆえに職種がこまかく増え、個々の能力が引き出される
3. 一致団結、衆知を集め合う
4. よぶんな費用をかけず効率が上がる
5. 専業を究めて世界一の技術をもつ
6. 機動性があるので変化に強い
7. きめこまかく心配りができる
8. お客にとって便利
9. 地域を繁栄させる
10. ベンチャーとして世の中を変える

幸之助的思考

私が100人前後使っているときに、「同業の1万人の会社に必ず勝つ」ということでやってきた

今でもパナソニックは、最も売り上げの多いテレビも10%内外のウェイトであり、中小企業の寄り集まりといわれるし、また自らもそれを自負し、誇りにしているところがある。

「中小企業からやり直したい」

「本当に仕事を味わい、人生を味わい、喜びを味わい、生きがいを味わうのは、中小企業のあいだだった。もう一度、100人くらいの中小企業の経営者をやりたい」

幸之助は、78歳で相談役を退いてからも、しばらくPHP研究所の経営にあたった。研究や出版事業などで、もう一度中小企業の醍醐味《だいごみ》を味わっていたかのように見える。

Let's Try!

大企業であっても中小企業であっても、中小企業ならではの数多い強みの1つひとつを見直してフルに発揮する。

大きな絵を描く

松下幸之助の思考法

「世の中を変える」という戦略構想力をもつ。

きめこまかい心配りと壮大な構想力

世界恐慌の真っ只中、幸之助は配線器具・発電ランプからラジオの開発に進出し、乾電池メーカーを買収して各品目が続々と日本一となっていった。

その要因は、**1つひとつの商品のかゆいところに手が届く細かい気配りと、家電の全分野にわたってリーディングカンパニーになろうという壮大な全体戦略の両立**にあった。

たとえば、アイロンなどは自社だけで全メーカー総個数を上回る大量生産方式を実現し、新機軸の商品を30%以上安く製造して、一挙に首位に立った。

戦後の松下電器は、昭和30年代の「三種の神器（冷蔵庫・洗濯機・白黒テレビ）」、40年代の「3C（カー・クーラー・カラーテレビ）」などによって高度経済成長を先導した。

その頃の幸之助がもっていた使命感と戦略は、「生活革命を起こす、世の中を変える」だった。そのため、いち早く小型モーター・半導体・電子管・コンプレッサーなどコアデバイスの自社生産体制、大量生産システムを布《し》いた。

生産面だけでなく、全国系列販売網による大量販売とアフターサービス、「何でもナショナル」という強力なブランドマーケティングなど、長期的、全体的戦略構想の傘を広げた。しかも、小僧時代に身につけた現場の才覚やこまやかな日常の気配りはそのままに。

Let's Try!

モノをつくり売る前に長期を展望し、全体（業界、世界）を見渡して大きな絵を描く。そして行動し、きめこまかい心配りをする。

第6章

「儲ける力」がつく思考法

「一商人」であることを忘れない

松下幸之助の思考法

どこまでも奉仕と感謝の念を忘れず、勤勉な一商人でなければならない。

商人は儲け上手だけではいけない

1918年、3人で始めた事業が1936年には3500人となり、ついには日本の代表的電機メーカーの1つになったとき、幸之助は会社の内規に次の文言を加えた。

「松下電器が将来いかに大をなすとも、常に一商人なりとの観念を忘れず、従業員またその店員たることを自覚して質実謙譲を旨として業務に処すること」

幸之助は「商人とは何か?」と聞かれた際、次のように答えている。

「家の近くの評判のよい商人に聞けばよい。魚屋のおじさんでも、八百屋のおばさん、夜泣きうどんのご主人でもよい。立派にやっている商人はみんなやっていることがあるもんや」

「僕は、商売を始めてからこれまで商人としてやってきた」と言っていた幸之助だが、商人について具体的に次のように考えていたようだ。

・お客の声に耳を傾け、心が読めなければいけない。しかも、一を聞いて十を知るのが商人である。

・商人というのは、お客のために奉仕し、お客のおかげで存在することができる。したがって頭を低くし、お客の姿が見えなくなっても繰り返し頭を下げる、それが商人の本当の姿である。

・昔の町人には、たとえば盆、暮れには支払いを完済すること、お客との約束は面目と信用にかけてそれを守ること、などの掟《おきて》があった。商人にはそのような覚悟が必要である。

・商人は利にさとくなければならない。そのためには変化に対して日に新たに、柔軟に対応し、才覚を精一杯働かせて創意工夫しながら、商品を仕入れたり販売する。

・商人は、お客に奉仕して報酬を得る一方、きわめて勤勉で、打てば響くスピード、身軽さ、きめこまかさ、効率のよさなど、**自らの経営で利を生み出さなければならない。**

頭だけでは身につかない

幸之助の社長時代、大学卒業の定期採用者は理科系も文科系も、全員2、3カ月間まるで丁稚《でっち》のようにナショナル系列店に住み込み実習を義務づけられた。社会に出る初体験が、この「商人体験」であったとしたら、図面を引いたり、製造したり、宣伝コピーをつくったりする彼らの働き方、会社の商売のありように少なくない影響を与えたにちがいない。

商人の精神は頭だけでは身につかないということを、自身、丁稚奉公から体に染み込ませた幸之助は知っていたのだろう。

Let's Try!

幸之助のいう「商人」のイメージを描いて、担当の仕事に当たってみる。

幸之助が挙げた「商人のあり方10」

1. 頭を低くする
2. お客の声に耳を傾ける
3. かゆいところに手が届く心配り
4. 打てば響く鋭敏さ
5. 勤勉である
6. 創意工夫する
7. 利にさとい
8. 身が軽い
9. 効率がよい
10. 変化に適応する

幸之助的思考

商人とは、「儲け上手」だけではいけない

世間全体をお客様と考える

松下幸之助の思考法

お客の要望はすべて受け容れ、世間全体をお客と考える。

❖お客の声には10に対して12で応える

「松下電器は、お客さんの声を真剣に聞いてきた。苦情があったらすぐに飛んで行って、叱《しか》られながら教えてもらった。できそうにないことでも、『わかりました』と言って持って帰り、一生懸命そのとおりになるように、なんとか努力して実現する。どうしてもダメな場合は、『これこれの理由で今はできません』と謝る。そうしたら心だけでも通じる。

ほかの企業でもやっていることだろうが、その努力のしかたが、ほんの少しだけほかよりも大きかったと思う。それでここまできたのだ。この姿勢を失うと松下が松下でなくなる」

「できそうにないこと」でも引き受けて実現させようとするのだから、「できそうなこと」であれば、幸之助がよく言ったように「かゆいところに手が届く」「打てば響く」対応をし、**お客の要望10に対して12で応《こた》える**ことになるのは当然のことだったのだ。

「お客がほしがるものをつくってはいけない。お客の大喜びするものをつくりなさい」

「お客の、声にはなっていない声を聞きなさい」

お客の心をつかみながら、しかも期待を超えて大喜びをさせねばならないと幸之助は考えていたのだ。

まわりは全部お客様

幸之助にとっては、**人はみなお客様、世間全体がお客様**だった。

かなりの高齢になっても、たとえば直接のお得意先ではない県人会の宴会で上座をすすめられても末席に座り、「いつもお世話になっています」とお酌《しゃく》して回って黒田節を舞ったりしてサービスに努めた。

何人もの社員が、事業場の玄関口ですれちがった幸之助から「毎度ありがとうございます」と、お客とまちがえられてていねいに頭を下げられている。

労働組合に対抗する労政部のレポートに、その上部団体への批判が書かれたことがあったが、これに対し、幸之助は労政責任者を呼んで、

「この団体の会館の電気器具は、わが社のものを使ってくださっているはずや。お得意さんのことをこんなふうに書くことは、商人として許されることではない。即刻回収して、僕の机の上に積んでくれ」

と、強く叱った。

自社製品購入者だけがお客ではなく、世間全体をお客様と考える幸之助の姿勢が、松下電器の大きな発展を生んだのである。

Let's Try!

お客の要望をいったん全部受け容《い》れ、10の要望に対し12で応えるように努める。できないときは理由を言って謝り、心を通じるようにする。

世間全体をお客と考える

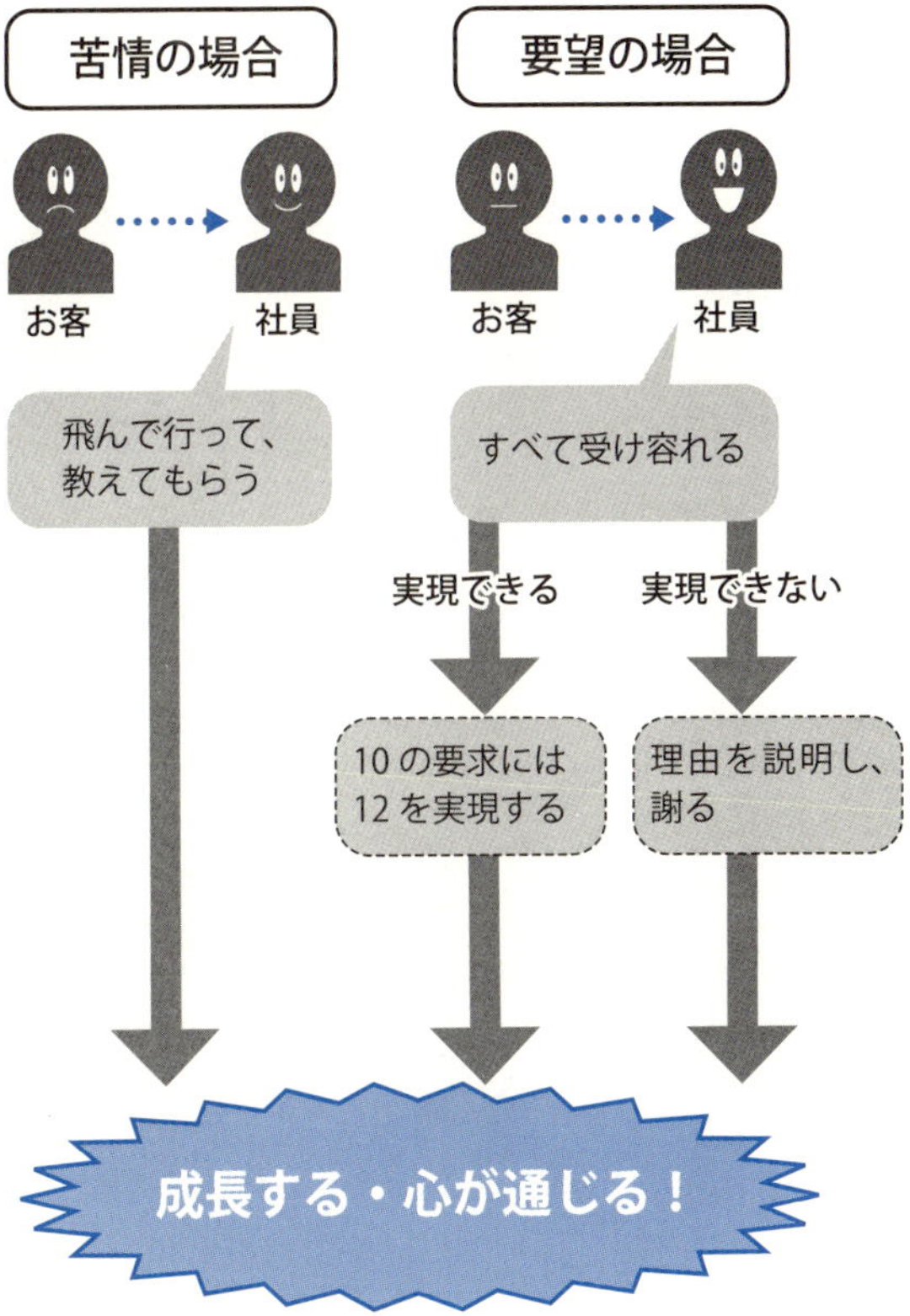

安易な値下げも値上げもしない

松下幸之助の思考法

価格は少々高いと言われても、商品の価値を認めてもらう努力をする。

❖「高い」と言われても認めてもらう自信

幸之助の〝商売〟の出発点は自転車店の小僧奉公だが、その店主について次のように語っている。

「お得意に対する感謝の念は人一倍強かった。たえずお得意のために奉仕するという態勢をとっていた。ときどき、お得意を回ってご用を聞いて回る。盆、正月には必ずお礼にいく。一方、価格についても『うちはよそよりも勉強していいます。これ以上負けたらサービスできません』という強い信念をもっていた。集金も厳格だった。

のちに、僕が商売を始めたときにお得意から人気が出たのは、このように仕込まれて身についていたことを克明にしたからだろう」

次は、売りを焦って明らかに安売りしすぎた事業部長への「説教」だ。むしろ「松下電器が『安い安い』と言われて、ここまで発展してきたのか？ むしろいつも『高い高い』と言われて、それに耐えて、商品の性能や品質を高める努力をしてきたのではないか。

値は少々高いけれど、それだけの値打ちがあると認めてもらってここまで来たのではないか。『安い安い』と言われて商売していたら、とうの昔に松下電器はない」

当時、ナショナルテレビの裏ブタをはずして部品の配列をのぞいたときに、1つひとつの部品がどのメーカーのものよりも頑丈そうで、しかも整然と組み込まれていた。確かに松下電器は少々高くても映りがよく、故障が少なくて長もちする、というイメージが世間一般に定着していた。

価格はコストで決めない

たとえば、「世界最軽量」という特徴が売りのラジオが開発されたとき、次のような会話が交わされた。

「価格は？」

「据え置いています」

「コストは？」

「コストダウンできました」

「そうであっても、これだけ小さくなって、これだけ音質もよくなっているではないか、その技術を価格に反映させるべきであって、自らその価値を貶《おとし》めてはならない」

幸之助には、高くにせよ安くにせよ、価格はコストによって決めるべきでないという考え方があったことがわかる。

半面、その商品が普及期を迎えたときは、必ずといってよいほど劇的にコストと価格を引き下げ、画期的な台数を販売して市場を広げるケースが多かった。

値上げの場合も同様で、幸之助は、安易な値上げと思われた商品について厳しく戒めた。

幸之助流「価格思考法」

「高い」という
声に耐えて
価値を高める

「ちょっと高い」が
うんとよい

それだけの価値を伴わなければ
値を上げてはいけない。
高くにせよ低くにせよ、
価格はコストによって
決めてはいけない

幸之助的思考

価格は
コストのみによって
決めるべき
ではない

普及期には劇的に
コスト・価格を
ダウンする

値上げは
値下げよりも
数倍困難である

「値を上げるということは、それだけの価値の向上が伴っていなければ絶対してはならない。それはコストダウンによる値下げよりも数倍困難なことのはずだ。この商品にはそれだけの努力も価値も認められない」

その点、幸之助の口から「付加価値」というようなあいまいな言葉が出た記憶はない。

Let's Try!

価格については、「高い」と言われても、価値を高めて認めてもらうだけの努力をする。だが、安易な値上げは絶対に避ける。

売り上げを倍にする

松下幸之助の思考法

大きな仕事をすることではなく、仕事に成功することが尊い。

❖ 自分の能力の限界を自覚する

ある代理店の社長が幸之助に、

「従業員が100人ほどとなってから、売り上げがとんと伸びなくなり、それが続いている。どうも自分には、今のところ30人、50人くらいしか使う能力がないらしい。そこで、担当地域を2つに分け、会社をもう1つつくって番頭をそこの社長にし、お互いに頑張りたいと思うがどうだろうか？」

と、相談に来たという。幸之助はその社長を、次のようにほめている。

「それは非常にけっこうです。できる限りの応援をしましょう」

「この社長の偉いところは、そのことを自分でさとられたということである」

そしてその新しい社長（番頭）を、当面、松下電器からの出向者で充《あ》てることとなった。その任務を命じられたのが実は筆者だった。

能力に応じた細分割で売り上げ倍増

幸之助から直接ではなかったものの、営業本部長から「会長（幸之助）が、ここで成功させて全国に広げたい……と言っている」と強烈な動機づけをされ、私は九州・都城《みやこのじょう》の代理店から、京都の西地区に分割された新しい販売会社に赴いた。

幸之助の話は続く。

「その結果は目をみはるものがあった。半年あまりのあいだに、元の会社のほうが新会社分割以前の売り上げと同じになり、新会社のほうは売り上げを急伸させて、元の会社の元の売り上げ並みとなったのである。つまり、両方合わせると元の会社の倍という信じられない成果であった。

50の力のある人が70の仕事をしようとするとそれはムリである。100の力のある人が70の仕事をしていたのではそれはムダである。大きな仕事をすることが尊いのではない。仕事に成功することが尊いのである。そのようにしてさらに大きな仕事に挑戦していくというのが成功への大道である」

❖ “人事力”を発揮する

この事例は全国の代理店、販売会社社長会議で紹介され、「会社を2倍にする法」は全国展開された。その結果、200社くらいだった代理店が300を超えるほどになり、全国的に売り上げが急増したのだった。

これは技術力や商品力ではない。マーケティング、いや“人事力”といってよいかもしれない。

Let's Try!

初めから大きな仕事を成功させようとせず、自分の力に見合った仕事を完全にし遂げること。そしてさらに大きな仕事に挑戦していく。

真似をしても真似はされない

松下幸之助の思考法

真似をしても独自の工夫を凝らし、一番手を追い抜く。

❖ 一番手に圧勝した二番手

「経営は創造」と主張した本人の創造性も破天荒で、個性的かつ独創的な社員を庇護《ひご》していた幸之助だが、ある会議で、

「もっと社員の創造性を引き出さねばならない」

と発言した。そのあとに続いた、

「あまりムリヤリ出せ出せと強いるのはどうかと思う。自然に出るような環境を整えねばならない……」

という言葉が、今も私の耳に残っている。

戦後、日本の生活文化も産業技術も、多かれ少なかれ、そして良かれ悪しか

れ欧米の後追いだった。しかし、それらを巧みに吸収し、単なる真似《まね》ではなく、独自の工夫を凝らして多くの分野で欧米を圧倒していった。

なかでも松下電器は、そのような日本的企業の象徴だった。しかも、いつの間にか、家電から住まい、デバイス、車関連、システム、エネルギーというように、世界にも類例のないビジネスモデルを構築していく。

「マネシタ電器」とよく揶揄《やゆ》された松下電器だが、これには他者の発想を真似した二番手でありながらも、よく一番手を追い越してしまうことに対するやっかみと、商売上手という賞賛がない混ぜになっているように思われる。

1歩先に創造性を凝縮して創造する

実際、過去にさまざまな分野で松下電器が一番手であったことは多い。しかしたとえば、ソニーのウォークマンのときがそうだったように、二番手であることもあった。幸之助自身はあまりこだわっていなかったようだが、そのまま二番手に甘んじることはなかった。

一番手の商品とそれに対する反響を徹底的に調べ、「がめつく」二番手の強みを発揮したことも多い。常に基礎技術を蓄積しておき、一番手の商品にはない独自の「らしさ・強み」を加え、そのうえで商品面とビジネス面で、他社が真似できない力一杯の努力が注がれた。

さらに、当時3万店近くあった系列販売店は、新製品の出荷という立ち上がりの段階で確実に一番手に追いついてしまう力となっていた。また、超顧客密着で地を這《は》うようにお客の意見に耳を傾け、その1歩先に蓄積した技術の枠を注ぎ込み、創造性を凝縮するという行き方は、それ自体が一種の独自性といえる。

たとえ何歩も先を行く独創性であっても、それが本当に大衆が大喜びするものかどうかよく見極め、ときには**「1歩先」の範囲でとどめておいて広く大衆受けを狙《ねら》う**、というのが幸之助独自のマーケティングといえるだろう。

Let's Try!

「真似」に独自性を加えて一番手を追い越す。創造性をニーズの1歩先に凝縮し、独自性で広い大衆受けを狙う。

経営のダムをつくる

松下幸之助の思考法

守りと攻め、安定と発展のため、経営資源のダムをもつ。

ダムという底力

昭和30年代、幸之助はディーラーに対する巨額の不況対策を発表した。

「これで松下電器の商いは３割減るだろう。２年間は利益が上がってこない。２年間で３００億円、それくらいは捨てよう。商いを落とさんようにしていたらとても荒療治はできません。元も子もなくなるよりはましや。だから非常に強いものがあったのですね。しかし実際にやった結果は商いが１つも減らなかったのですよ」

また、業界あげての洗濯機の乱売合戦の折には、

「洗濯機を１年間タダにしたらどうなるか計算してみました」

と言って驚かせ、底値になるべき低価格を打ち出した。

幸之助がこのような奥の手を打ち出せるのは、会社が底力といえる**利益と資金の豊富な「ダム」**をもっていたからである。幸之助は、

「経営はどのようなときにも安定しておらねばならないし、堅実に発展しなければならない」

という強い信念をもっていた。

外部が変化しても、資金のダム、設備のダム、人員のダム、技術のダム、製品開発のダムがあれば、そこに、それらを貯《た》め込んだり、そこから放出したりして経営を安定させたり発展させたりすることができる。

✣不況と危機に備え、チャンスをものにする

このダムは守りのときだけでなく、攻めのときにも活用できる。

今必要でない物はすべてムダ、というジャスト・イン・タイム式の考え方からすればロスかもしれないが、それがない場合の赤字やカネ詰まり、機会損失と比較すると、はるかに得なのである。

経営のダムをつくる！

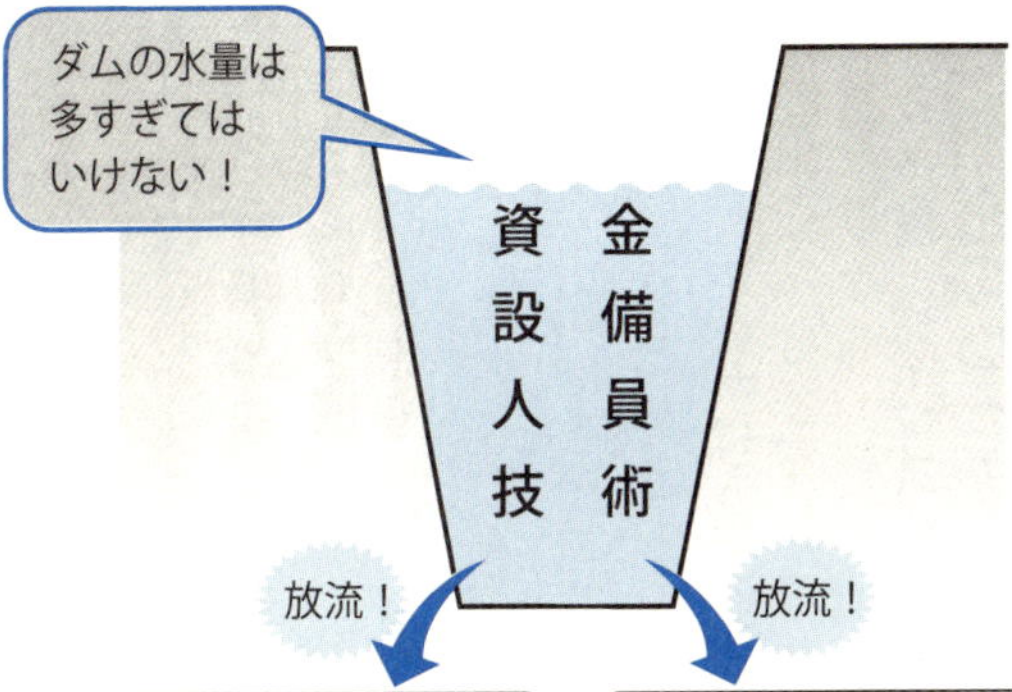

危機・不況に耐えて安定

- 無借金経営
- とっておきの技術でヒット商品
- 設備の合理化を先行させておく

好機を逃さず発展

- 積極的設備投資
- 人員の質・量の拡充
- とっておきの技術の商品化で大攻勢

幸之助的思考

ダムは、「ジャスト・イン・タイム」と逆だが、それがない場合の行き詰まり、機会損失と比べるとはるかに得である

「いわば経営の安定的発展を保障する保険料のようなもので、決してムダとはならない」

たとえば、不況は必ず来るものだから、好況時にダムに蓄え、不況の到来とともにそれらを放出して価格を下げ（その逆の場合、技術の高度化で付加価値をつけることもありうる）、しかも同時に、不況のときにしかできない経営改革を進める。これは当時、「不況に強い」と言われ、不況を乗り切って逆転する松下電器の定石だった。ただし、

「これだけは必要であるという、的確な見通しによらなければならない」

と言っているように、ダムに資金、設備、人員が過剰にならないよう、厳しく管理したところがいかにも幸之助らしいといえるだろう。

Let's Try!

不況や危機、チャンスに備えて、平生から経営のダムに蓄えておく。いざというときにその蓄えを放出して事にあたり、ムダにはしない。

「見切り」を「損切り」にしない

松下幸之助の思考法

戦を始めるのと終えるのは、最高指揮官にしかできない。

経営の神様の〝失敗〟

幸之助が１９６４年に大型コンピュータのビジネスから撤退したとき、

「槍《やり》の名人は突くときよりも引くときが難しいと聞いたことがありますが、商売でもそうですわ」

と言った。

その昔、大阪商人が後継ぎに、子供の頃からおしんこを３つに切って「三（見）切り千両やで、これがいちばん大事で難しい」と教え込んだという。

幸之助のこの撤退劇は、社内の誰一人、撤退を考える人がいなかったなかで、最高指揮官としてまさに苦渋の決断だった。

「日本で、7社もがコンピュータのような多額な研究費が必要なものを手がけていくことがいいのかどうか、時折ふと考えないでもなかった」

「本腰を入れる前でしたが、それでも世間では『やっぱり松下はあかんやないか』と言われました。しかし、それもやっていたら今参っていますわ。本当は」

「研究投資額や信用などで50億円の損害だったが、この損害を惜しんではならん。それに（やめなければ）ほかの仕事ができてません、これは大きな損害ですわ」

と振り返った幸之助だが、さすがに「将来のIT分野の成長の可能性」「松下にはIT技術がないと思われる残念さ」「すでに購入してくれた需要者に対する信用の喪失」「日夜研究に打ち込んできた技術陣の士気の低下」などを考えると、それでよかったのか思い悩むことがあったらしい。

損を得に変える

幸之助の大型コンピュータ撤退という決断は、「新しい情報化時代を読み切れなかった幸之助の、多くはない失敗の大きな1つ」と言われ続けた。

だが、デジタル技術・インターネット技術・交通制御システムなどの未来分野に転進した松下電器の大型コンピュータ部門の精鋭技術集団の力が、30年ほどのちに花開くことになるデジタル家電で、パナソニックの優位を実現することとなる。

幸之助による大型コンピュータの〝見切り〟。それは**単なる〝損切り〟ではなく、「損して得をとろう」とするがめついもの**だった。

今、幸之助の下したこの決断を〝失敗〟という人はいない。

Let's Try!

目先の利益や抵抗、惰性にとらわれず、今の損を覚悟で先を見越して見切る。しかし、その損を得に変える。

専業を極めて無限に広げる

松下幸之助の思考法

どんな仕事も集中して極めれば、その仕事を中心に無限に広がっていく。

❖「風ひとすじにやれよ」

扇風機事業部長をしていた私の先輩が幸之助に、「冬ですから赤字です。夏には挽回《ばんかい》します」と報告したときのことである。

「ばかもの！　武士の真剣勝負で、斬られて血を流せばそれでおしまいではないか。夏に息を吹き返すとでもいうのか！」

と、幸之助から大きな雷を落とされたという。幸之助はこのとき、「風ひとすじにやれよ」という至上命令を出した。扇風機事業部は心を入れ替え、「冬の黒字化」という難題に取り組んだが、この一言が目標をよけい難しくした。

しかし半面、迷いがなくなり、扇風機事業部はひたすら「風ひとすじ」を極めていった。そのうち、不思議なことに突破口が開かれ、風を出す商品が奔流のようにあふれ出てきた。

換気扇、除湿機、加湿機、空気清浄機、送風機、風力発電機、防霜装置、大ドーム球場の換気装置、トンネルの集塵《しゅうじん》換気装置、携帯電話の中継基地用冷却ユニット……。「風ひとすじ」が、無限に深く広く伸びていったのである。

さらに、水や土まで巻き込み、産業用水の処理、地下水の浄化、大ビル屋上の排水緑化、土壌汚染の浄化など、かつての扇風機事業部は時代の波に乗り、今や時流を創り、パナソニックの環境機器ビジネスの要塞《ようさい》となっている。

それから二十数年。松下精工（現パナソニックエコシステムズ）を訪れた幸之助は、自らの言葉が発端となって生み出された驚くべき結末に、

「こんなに広がっているのか」

と、たいへん感慨深げに喜んだという。

松下電器の黎明期《れいめいき》、電池の場合もそうだった。戦後の電力不足による停電もなくなり、世の中は電池を必要としないほど明るくなったが、まさに「その道

ひとすじ」で、ＡＶ機器やパソコンに使われ、今や自動車を動かすまで用途は広がった。

狭く絞って集中すれば水脈がつながる

同様に、テレビの技術が極められ、その映像が数えきれないほどの分野とつながっていく。パナソニックのデジカメは、社内の極められたほとんどの技術が結びついて誕生した。幸之助はこの点について、次のように言っている。

「これは非常に面白いことだが、専業を極めていくと神通力が働いて、しまいには非常に仕事の種類が増え、まったく一人一種の仕事を極めるところまで増えていく。そうなったらみんな第一人者になるわけだ。こうしてこそ本当の楽土だ」

「どんな仕事であっても、それに集中して極めれば限界がなく、その仕事を中心に無限というほど広がっていくと思う」

経営のノウハウを自然の法則と照合していた幸之助だが、「井戸を深く掘り続けて極めると水が湧《わ》き出し、水脈と水脈がつながってあふれ出し汲《く》めども尽きなくなる」という自然現象を思い起こさせる。

狭く絞れば絞るだけ広がる、集中すればするだけ横につながるという道理が、電器の「専業メーカー」を、いつのまにか家まるごとの「総合メーカー」にした。

この原理は、松下電器の①「凝り性」「集中心」「継続力」という気質・風土、②家電部門という得意分野、③事業部制という組織によって、思う存分生かされたのである。

事業部制は、より大きなくくりの分社制に形を変えたが、この「専業を極めて無限に広げる」という幸之助が遺《のこ》したＤＮＡは、パナソニックに今も脈々と生きている。

Let's Try!

得手のことで穴を掘るなら、水が湧き出すまで掘り続ける。そうして、ほかの水脈とつなげて新しい価値連鎖を起こす。

おわりに

私は、特に30代から40代にかけ、現場の責任者として、眼の前の松下幸之助から、人生とビジネスで実のおやじ以上の影響を受けた。私の上司や先輩は、松下電器の揺籃《ようらんき》期に手とり足とり指導を受けた人物ばかりであった。

それだけでなく、常々、松下幸之助の生き様について汲《く》めども尽きない話をしてくださる、彼の最後の秘書であった六笠正弘氏、豊富な資料とお話をいただいた松下社会科学振興財団松下資料館の川越森雄館長、貴重な秘話をご提供いただいたパナソニック客員会の皆さまはじめ、先輩と仲間たちに心から感謝したい。

なお、本文中、松下幸之助氏について、歴史上の人物としての慣行に従い、「幸之助」という表現にさせていただいている。

著者

主な参考文献

書籍

『仕事の夢・暮しの夢』松下幸之助　ＰＨＰ研究所
『私の行き方考え方』松下幸之助　ＰＨＰ研究所
『物の見方考え方』松下幸之助　ＰＨＰ研究所
『道をひらく』松下幸之助　ＰＨＰ研究所
『繁栄のための考え方』松下幸之助　ＰＨＰ研究所
『経営基本方針』松下電器産業
『社員読本　松下電器の歴史』松下電器産業
『創業35年史』松下電器産業
『松下電器・営業史（戦前編、戦後編）』松下電器産業
『繁栄のための人材育成を』松下幸之助　松下電器産業人事本部
『明日を支える』松下幸之助　松下電器産業株式会社
『松苑　第四号』松下電器客員会
『松苑　第五号』松下電器客員会
『松苑』松下電器客員会
『人間を考える』松下幸之助　ＰＨＰ研究所
『経営百話（上・下）』松下幸之助　ＰＨＰ研究所
『実践経営哲学』松下幸之助　ＰＨＰ研究所
『素直な心になるために』松下幸之助　ＰＨＰ研究所
『松下幸之助発言集（1～10巻）』松下幸之助　ＰＨＰ研究所
『決断の経営』松下幸之助　ＰＨＰ研究所
『わが経営を語る』松下幸之助　ＰＨＰ研究所
『人生談義』松下幸之助　ＰＨＰ研究所
『人間としての成功』松下幸之助　ＰＨＰ研究所
『エピソードで読む松下幸之助』ＰＨＰ総合研究所編　ＰＨＰ研究所
『若さに贈る』松下幸之助　ＰＨＰ研究所
『松下幸之助経営回想録』松下幸之助述　石山四郎　小柳道男編　プレジデント社
『経営秘伝』江口克彦　ＰＨＰ研究所
『そう考えると楽ですね』岩井虔　ＰＨＰ研究所
『松下幸之助の遺伝子』前岡宏和　かんき出版
『松下幸之助の生い立ちに学ぶ』豊沢豊雄　日本教育新聞社
『評伝　松下幸之助』名和太郎　国際商業出版
『苦労と難儀はちがいます』荒川進　講談社
『松下流起業家精神』ボブ・ジョンストン（伊浦志津訳）東洋経済新報社
『決断の法則』片山修　小学館
『松下幸之助「成功する力」』大西宏　実業之日本社
『今、松下幸之助ならどうする？』大西宏　実業之日本社

雑誌

「ＴＨＥ21　特別増刊号」今だから松下幸之助　１９９３・7　ＰＨＰ研究所
「ほんとうの時代　１９９７・８　8月特別増刊号」松下幸之助の生き方・考え方　ＰＨＰ研究所
「ＹＯＭＩＵＲＩ　ＳＰＥＣＩＡＬ　32」松下幸之助の世界　１９８９・８・１

大西　宏（おおにし　こう）

元松下流通研修所代表。松下幸之助氏の直接指導を受けた最後の世代。大阪大学経済学部卒業後、松下電器産業に入社。東京など5つの販売会社代表者として赤字経営の再建にあたる。ステレオ事業部営業部長のとき、担当商品を全国トップシェアに。松下電器商学院長時代には、サッカー部長としてチームを天皇杯獲得に導き、Jリーグ・ガンバ大阪の発足に貢献。その後、関西外国語大学の教授として経営学を担当した。現在は、エディフィストラーニング人間領域担当講師、日本人材開発センター特別顧問として、講演や研修などで活躍中。
著書は『松下幸之助「成功する力」』（実業之日本社）、『自由と強制のリーダーシップ』（中経出版）、『ガケっぷち就活 一発逆転術』（主婦の友社）など多数。

本書の内容に関するお問い合わせ先
中経出版編集部　03（3262）2124

中経の文庫

図解で身につく！　松下幸之助の思考法

2011年２月25日　第１刷発行

著　者　大西　宏（おおにし　こう）
発行者　杉本　惇
発行所　㈱中経出版
〒102-0083
東京都千代田区麹町3の2　相互麹町第一ビル
電話 03（3262）0371（営業代表）
03（3262）2124（編集代表）
FAX03（3262）6855　振替　00110-7-86836
http://www.chukei.co.jp/

DTP／マッドハウス　印刷・製本／錦明印刷

乱丁本・落丁本はお取替え致します。

ISBN978-4-8061-3980-5　C0134